사회복지연구를 위한

SPSS 기초통계

허만세 · 도문학

양서원

머리말

본 저서는 SPSS(Statistical Package for the Social Science)를 처음 접하는 독자들을 위하여 구상되었다. 특히 사회복지를 전공으로 연구하고, 논문을 작성하려는 대학원 또는 학부생들에게 통계분석을 쉽게 따라 배울 수 있도록 책의 내용을 구성하였다. 대학원생들이 처음으로 통계분석을 마주하게 되면 지난한 어려움으로 느끼는 것이 보통이지만, 연구를 위해서는 피할 수 없는 지식과 기술이다. 통계분석에 사용되는 SPSS 통계패키지는 상대적으로 비교적 쉽게 사용할 수 있기에 독자들이 기본적인 연구방법론 및 통계학 지식이 있다면 누구나 쉽게 배울 수 있다. 본 저서는 통계를 처음 접하는 독자들이 초보자의 어려움을 극복하는 데 도움이 될 수 있도록 통계가 무엇인지와 통계를 읽고 습득하는 것, 통계 패키지에 대한 이해와 여러 분석들을 예제 중심의 설명을 담고 있다.

본 저서는 2014년에 계명대학교 사회복지학과 대학원생들을 대상으로 한 기초통계 워크숍 자료에서 비롯되었다. 당시에 기초통계 워크숍에 참여한 대학원생들이 생각보다 통계나 SPSS에 대한 이해에 어려움이 있었던 것으로 기억한다. 이후 여러 차례 반복된 워크샵의 경험과 대학원생들에 대한 통계 강의 및 논문 지도의 경험을 모으고, 집필과정에서 여러 번의 회의와 수정을 토대로 완성하게 되었다.

본 저서는 총 3개 장과 부록으로 구성되어 있다. 제1장은 통계학의 기본 개념, 제2장은 SPSS의 이해, 제3장은 주요 통계분석이다. 구체적으로 살펴보면, 제1장 통계학의 기본 개념은 통계, 변수와 척도(명목, 서열, 등간, 비율), 표본조사와 표본추출방법, 통계적 추론(Statistical Inference), 가설검정(연구가설, 귀무가설 등), 신뢰도와 타당도, 통계 용어 개념 정리 및 축약어로 구성되어 있다. 제2장 SPSS의 이해는 SPSS 프로그램 소개, SPSS 주요기능 소개, SPSS 데이터 구축절차, SPSS 데이터 핸들링으로 구성되어 있다. 제3장 주요 통계분석은 빈도분석, 기술통계분석, 교차분석, 독립표본 t-test, 대응표본 t-test, 일원배치분산분석(One-way ANOVA), 이원분산분석(Two-way ANOVA), 공변량

분석(ANCOVA), 상관관계 분석, 회귀분석, 위계적 회귀분석, 매개분석(매개회귀분석), 로지스틱 회귀분석, ROC Curve 분석이다. 그리고 참고문헌과 부록이 더해져 있다.

본 저서에는 실제 진행된 연구 논문들에서 사용된 데이터들을 기초로 그 예제가 만들어져 있는데 그 내용은 다음과 같다. 저자 중 1명인 도문학의 석사학위논문에서 사용한 노인자살 데이터를 대부분의 분석에서 주로 사용하였고, 김윤희는 석사학위논문에서 사용한 흡연예방 교육 데이터 중 일부를 대응표본 t-test와 ANCOVA분석에 사용하였다. 특히, 도문학이 사용한 노인자살 데이터의 경우 한국보건사회연구원과 서울대학교 사회복지연구소에서 공동으로 주관한 한국복지패널 데이터 중 6차 년도에 해당하는 데이터를 가공한 것이다. 2011년도에 실시된 6차 년도 한국복지패널 데이터에 자살생각, 자살계획, 자살시도가 신규로 추가되었으며, 또한 주요한 변수인 우울, 자아존중감, 음주와 같은 주요 변수들이 계속해서 측정되어 오고 있었다. 김윤희가 사용한 흡연예방교육 데이터는 연구자가 직접 중학교에서 학생들을 모집하고 통제집단과 실험집단으로 나눈 후 담배광고를 노출해 노출 전과 노출 후의 흡연태도와 유혹정도를 측정했다. 그리고 담배광고 비판교육의 효과를 알아보기 위해 담배광고 비판교육의 효과를 확인하기 위해 실험집단은 담배광고 비판교육을 실시하고 프로그램 실시 전과 종결 후, 그리고 8주 후 흡연태도와 흡연유혹에 대한 사후검사를 실시하였다.

본 저서의 집필에 있어서 본 저서의 디자인 부분이나 내용 구성의 디테일한 의견 제시 및 고민을 함께해 준 제주연구원 제주사회복지연구센터 곽아람 연구원에게 심심한 감사의 뜻을 밝히며, 또한, 개인적으로 사회복지연구를 위한 SPSS 기초통계 작업에 참여할 수 있어 좋은 경험이 되었고, 작업을 이해해주고 도와준 아내와 두 아이들에게 감사의 뜻을 전하고 싶다.

2021년 6월 어느 날

저자 일동

| 목차 |

Chapter 02 SPSS 이해

Chapter 03 주요 통계분석

Chapter 01

통계학의 기본 개념

1. 통계

통계는 일상생활이나 여러 가지 현상에 대한 자료를 한눈에 알아보기 쉽게 수치로 나타내는 것이다. 통계자료를 조사하고 분석하는 데에는 주로 표와 그래프가 사용된다. 특히 그래프는 복잡한 통계 자료를 간단하게 나타낼 수 있다. 통계학(statistics)이라는 용어는 원래 이탈리아어로 '정치가(statista)'에서 유래되어 19세기 중반까지는 정치적 상황과 관련된 자료를 조사하고, 연구하는 데 사용되었다. 그러나 이후 사회적인 현상이나 수학, 자연과학, 교육학 등 다양한 분야에서 사용되고 있다(학습용어 개념사전, 2021).

통계학(statistics)은 "직접적으로 관찰이 불가능한 어떤 실재(reality)를 이해하기 위해 실재를 반영하는 자료(data)를 분석하여 얻은 결과를 바탕으로 확률에 근거하여 실재를 추론(inference)하는 방법에 관한 학문"이라고 정의한다(유태균·김경휘, 2013). 우리는 실재를 이해하기 위해 자료를 수집한다. 이러한 자료는 설문조사, 인터뷰(interview) 등으로 수집할 수 있는데, 이렇게 우리가 수집한 자료가 실재를 반영하고 있다는 가정하에 어떻게 그 자료에서 실재를 분석하고 해석할 것인지에 중점을 두고 있다.

자료(data)는 우리가 겪는 현상과 사건, 문제의 본질에 대한 질문으로부터 시작해 그것을 데이터화함으로써 그 의미를 수치로 나타내기 위한 방법으로 '통계분석'을 실시한다. 우리는 자료를 가지고 통계분석을 함으로써 우리가 겪는 현상, 사건, 문제의 본질에 대한 의미를 이해하고자 하는 것이다. 통계분석을 통한 결과는 수치로 표현되기 때문에 모호하지 않고 명확하게 결과를 알려준다.

본 저서에서는 사회복지연구를 위해 적절한 통계분석방법을 소개하고, 제시된 데이터의 분석방법을 쉽게 따라할 수 있도록 한다. 통계분석방법을 이해함으로써 현상을 읽을 수 있고, 사건이나 문제를 보다 잘 이해할 수 있도록 도와줄 수 있을 것이다.

2. 변수와 척도(명목, 서열, 등간, 비율)

척도(scale)는 우리가 측정(measurement)하고자 하는 변수(variable)의 속성을 일정한 규칙을 정하여 숫자로 나타내도록 하는 도구이다. 변수와 동일한 개념으로 생각할 수 있으나 척도는 변수를 측정하는 방식이다(유태균·김경휘, 2013).

1) 변수(variable)

변수(variable)란 추상적인 구성개념이 조작적 정의를 통해 측정 가능한 상태가 된 것을 말한다. 즉, 사람, 사물 또는 장소 등의 특성에 값을 부여하여 측정할 수 있는 상태로 만드는 것이다. 변수는 범주형 변수와 연속형 변수로 분류할 수 있다.

〈표 1-1〉 **변수의 유형**

구분	내용
범주형 변수 (categorical variable)	• 범주형 변수는 질적 변수(qualitative variable)라고 불림 • 사람, 사물, 장소 등의 특성을 범주로 구분하는 것 • 예를 들어, 성별(남/여), 학력(초/중/고), 종교 여부(있음/없음), 경제상태(상/중/하) 등으로 나타낼 수 있음 • 해당 척도: 명목척도, 서열척도
연속형 변수 (continuous variable)	• 연속형 변수는 양적 변수(quantitative variable)라고 불림 • 사람, 사물, 장소 등의 특성을 수치로 나타냄 • 예를 들어, 온도, 시간, 체중, 거리 등으로 나타낼 수 있음 • 해당 척도: 등간척도, 비율척도

2) 측정(measurement)

변수에 값을 부여하면 이 변수들을 측정 가능한 상태로 만들어야 한다. 측정(measurement)이란 일정한 규칙에 따라 대상에 숫자를 할당하는 과정이다. 예를 들어, 성별에서 남자를 "1", 여자를 "2"로 부여할 수 있고, 1점에서 10점 점수를 가지는 '삶의 만족도'에서 "5"는 삶의 만족도를 측정하는 측정치가 될 수 있다.

3) 척도(scale)

척도(scale)를 통해 변수를 분류할 수 있다. 척도는 명목척도, 서열척도, 등간척도, 비율척도 총 4가지로 구성되어 있으며, 명목척도를 시작으로 서열, 등간, 비율척도로 갈수록 변수의 정보를 가장 많이 설명해 준다. 각 척도를 구체적으로 살펴보면 다음과 같다.

(1) 명목척도(nominal scale)

명목척도(nominal scale)는 변수에 '이름'을 붙인 것과 같다. 단순히 변수(측정대상)의 특성을 명칭으로 구별하거나 구분하여 이를 수치화하기 위해 숫자(범주)를 부여한다. 이렇게 수치가 부여된 변수(측정대상)는 서로 상호배타적이어야 하며, 수학적 사칙연산의 기능을 수행하지 못한다.

예시 '성별'의 경우 남자를 "1", 여자를 "2"로 부여한다. 하지만 1(남자)과 2(여자)를 더한다고 해서 제"3"의 성별이 나올 수 없고, 남자(1)보다 여자(2)가 높다고도 할 수 없으므로 "1"과 "2"의 숫자는 수량적인 의미가 없으며 그저 구별·구분을 위한 숫자인 것이다.

(2) 서열척도(ordinal scale)

서열척도(ordinal scale)는 순서·서열의 의미가 부여된다. 서열척도는 질적인 변수이면서 단순히 순서(order)의 의미만 부여할 뿐 수학적 사칙연산의 기능을 수행하지는 못한다. 하지만 서열척도는 숫자만 부여된 명목척도보다는 순서·서열이 가능하므로 좀 더 많은 정보를 가지고 있다고 볼 수 있다.

예시 '학력'의 경우 초등학교를 "1", 중학교를 "2", 고등학교를 "3", 대학교 이상을 "4"로 부여한다. 학력은 초등학교부터 대학교까지의 순서를 가지기 때문에 서열척도로 분류할 수 있다. 하지만 1(초등학교), 2(중학교), 3(고등학교), 4(대학교 이상)를 더한다고 해서 "10"이 되는 학력이 나올 수 없듯이 오직 순서의 의미만을 가질 수 있다.

(3) 등간척도(interval scale)

등간척도(interval scale)는 변수의 속성에 따라 숫자를 부여하고 순서의 의미를 가질 뿐만 아니라 동일한 간격을 가질 수 있다. 그러므로 명목척도, 서열척도보다는 좀 더 많은 정보를 설명할 수 있다. 하지만 등간척도는 '절대영점(absolute zero)'이 존재하지 않고 오직 가감만이 가능하기 때문에 '비율(ratio)'을 계산하지 못하는 한계점이 있다.

예시 '온도'의 경우 -100℃, -99℃, -98℃ … 0℃, 1℃, 2℃ … 100℃와 같이 순서와 동일한 간격을 설명할 수 있지만, '0℃'의 0이 시작점이라고 할 수 없다. 또한, 추운 날의 온도가 3℃ 정도 되고 무더운 날의 온도가 30℃가 된다고 해서 추운 날보다 무더운 날의 온도가 10배 정도 된다고 표현할 수 없다. 따라서 등간척도는 '비율'로 설명될 수 없는 것이다.

(4) 비율척도(ratio scale)

비율척도(ratio scale)는 명목척도, 서열척도, 등간척도의 특징을 모두 가지고 있으면서 '절대영점(absolute zero)'의 속성이 포함될 수 있고 '비율(ratio)' 계산이 가능하다. 변수에 숫자를 부여하고 순서의 의미와 동일한 간격, 절대영점이 있기 때문에 비율로 나타낼 수 있는 것이다. 비율척도는 4개의 척도 중 가장 많은 정보를 설명할 수 있다.

예시 '소득'의 경우 소득이 없는 사람은 '0원'이고, 소득이 높은 사람은 '100만원'을 받는다. 이처럼 소득이 없는 사람은 '0'으로 수치화가 가능하며, 소득이 높은 사람은 '100'으로 수치화가 가능하다. 또한, 소득이 없는 사람에 비해 소득이 100만원인 사람의 소득 비율은 100배 차이가 나는 것이다.

본 저서에서는 명목척도, 서열척도, 등간척도, 비율척도에 대해 설명하였다. 명목척도에서 비율척도로 갈수록 설명할 수 있는 정보가 많아진다는 것은 그만큼 척도에 따라 통계분석방법 또한 다르다는 것을 의미한다. 척도에 따라 통계분석방법이 상이하므로 척도에 대한 의미를 정확하게 기억해야 할 필요가 있다.

〈표 1-2〉 명목, 서열, 등간, 비율척도의 비교

명목척도 (nominal scale)	서열척도 (ordinal scale)	등간척도 (interval scale)	비율척도 (ratio scale)
• 측정대상을 상호배타적인 범주로 구분된 것에 수치를 부여하는 척도 • 사칙연산 적용 불가능	• 측정대상을 서열, 순위를 매길 수 있게 수치를 부여한 척도	• 측정대상을 서열과 함께 서열 간 등간격을 유지토록 수치를 부여한 척도 • 절대영점이 아닌 임의영점이 존재함. 예로, 온도가 0인데, 온도가 없다고 말할 수 없음	• 등간척도를 포함하면서 절대영점이 존재하는 척도를 가지고 수치를 부여함
ex) 성별, 직업, 종교 등	ex) 학력, 학점, 선호도, 등수 등	ex) 온도, 자, IQ, 시간 등	ex) 월평균 소득, 체온, 몸무게, 키 등

3. 표본조사와 표본추출방법

1) 표본조사

표본조사는 모집단에 대한 특성을 파악하기 위해 모집단의 일부를 추출하여 특정치를 구한 후 그 특정치로 모집단의 특성을 추정하는 과정이다. 전수조사는 모수를 그대로 분석할 수 있다는 점에서 장점이 될 수 있지만, 시간과 비용을 절감하기 위해서는 효율적인 통계적 방법을 통하여 모집단을 대표할 수 있는 좋은 샘플을 추출해 내는 것이 필요하다.

2) 표본추출방법

모집단을 대표할 수 있는 표본을 추출하기 위한 방법으로는 '확률추출방법'과 '비확률추출방법'이 있다. 2가지의 표본추출방법의 개념에 대해 설명하고자 한다.

(1) 확률추출방법(probability sampling)

모든 연구대상이 표본으로 추출될 확률이 알려져 있고, 표본구성요소들을 추출하기 위해서 무작위적인 방법을 사용하며, 표본분석결과의 일반화가 가능한 점이 있다. 그러나 시간과 비용이 많이 소요된다는 단점도 있다.

〈표 1-3〉 확률추출방법의 유형 및 개념

확률추출방법	개념
단순무작위표집법 (Simple Random Sampling)	• 전체 모집단의 구성원들 중 표본으로 선정될 확률이 동일하도록 무작위(랜덤)로 표집하는 방식 ex) 아파트추첨, 복권추첨 등
층화표집법 (Stratified Sampling)	• 모집단이 서로 다른 하위집단으로 구성되어 있는 경우, 각 집단에서 필요한 만큼의 단순무작위표집을 사용해 표본을 추출함 • 집단 내 동질적, 집단 간 이질적 ex) 종교, 동호회, 동아리
군집표집법 (Cluster Sampling)	• 모집단을 서로 동질적인 집단으로 구분하여 해당되는 집단 자체를 표본으로 추출함 • 집단 내 이질적, 집단 간 동질적 ex) 고등학교 3학년 한 반 전체를 표본, 가정 전체를 표본
체계적표집법, 계통표집법 (Systematic Sampling)	• 모집단 목록에서 무작위로 처음 'k'번째 요소를 뽑고 이를 토대로 일정한 순서 및 규칙에 따라 이후에 표본을 산출하는 방법 ex) 공원입장객 중 9번째 입장하는 사람 대상

(2) 비확률추출방법(Nonprobability sampling)

모든 연구대상이 표본으로 추출될 확률이 알려져 있지 않다. 연구목적이 모수 추정이 아니고 특수한 경우를 분석하고자 하는 경우에 사용한다. 시간과 비용이 적게 소요되나, 표본분석결과의 일반화에 제약이 있다.

〈표 1-4〉 비확률추출방법의 유형 및 개념

비확률추출방법	개념
편의표본추출법 (Convenience Sampling)	• 임의로 선정한 지역과 시간대에 조사자가 원하는 사람들로 표본을 선택하는 방법 • 비교적 쉽게 표본을 선정하고 자료를 수집하는 장점이 있으나 모집단을 제대로 대표할 수 없다는 단점이 있음
판단표본추출법 (Purposive Sampling)	• 조사문제를 잘 알고 있거나 모집단의 의견을 반영할 수 있을 것으로 판단되는 특정 집단을 표본으로 선정하는 방법 • 전문적 지식을 가진 표본을 찾아내는 것이 중요함
할당표본추출법 (quota Sampling)	• 모집단을 대표하는 표본구성의 각 층의 표본량을 강제적으로 할당해, 그 크기를 달성하도록 표본 구성하는 방법 • 일정한 특성을 지니고 있는 표본요소의 구성비율이 모집단과 일치하도록 표본을 추출함
눈덩이추출법 (Snowball Sampling)	• 실험참가자를 비확률적 방법으로 추출함 • 약물중독자, 비행청소년 등 모집단 규모를 정확하게 알 수 없는 상태에서 진행되는 표집임 • 대게 아는 사람을 한 명씩 찾아가면서 표본을 추출함

4. 통계적 추론(Statistical Inference)

〈표 1-5〉 통계적 추론상의 주요 개념

개념	정의
모집단(population)	연구대상 전체를 포함한 전체 집합
표본(sample)	모집단의 부분집합
표본추출(sampling)	모집단의 모수를 추정하기 위하여 모집단의 부분집합을 만드는 것
모수(parameter)	모집단의 특성을 보여주는 통계적 수치
통계치	표본에서 구해진 표본의 특성을 보여주는 통계적 수치

통계적 추론(Statistical Inference)은 표본에 나타난 정보를 이용하여 해당 정보에 대한 모집단의 정보를 알아내는 것이며 또한 모집단에 대한 연구가설을 세우고 그 가설을

표본을 이용하여 검정하는 과정이다. 이때 표본에서 구해진 정보를 표본통계치(또는 표본통계량)라고 말하며 그에 상응하는 모집단의 값을 모수(parameter)라고 말한다. 우리가 궁극적으로 알고자 하는 정보는 참값(true value)인 모수(모수가 현상에 있는 실제 값이기에 정확한 값이란 의미에서)이며, 우리는 모집단 전체를 살펴볼 수 없기에 (모집단에 속한 모든 대상의 값을 살펴보는 것이 현실적으로 불가능할 수 있고 또한 비효율적이기에) 모집단에서 모집단의 특성을 가장 잘 나타내도록(즉 대표성 있도록) 표본을 추출하고, 이 추출된 표본에 속한 대상들의 관찰값을 분석하여 표본 통계치를 얻어내며, 그 얻어진 표본 통계치를 이용하여 모수를 말하고자 하는 것이다. 이러한 통계적 추론의 특징으로는, 표본은 모집단의 일부이기에 모집단에 대한 추정치를 제공하며, 표본추출을 대표성 있게 잘하면(표본의 특성이 모집단의 특성과 최대한 동일하도록 표본을 추출하면) 모집단 특성에 대한 좋은 추정치를 얻게 된다는 것이다. 결과적으로 좋은 표본이란 모수(모집단의 값)에 대한 불편추정치(unbiased estimator)로 추정할 수 있는 것이고, 이를 위해서는 충분한 양의 관찰 대상자(표본을 부분집합으로 볼 때 그 부분집합의 원소)를 갖춘 표본을 이용하는 것이 필요하다.

[그림 1-1]은 모집단과 표본 사이의 표본 추출과 추정의 관계를 보여주고 있다. 이론적으로 완벽한 대표성을 갖는 표본을 모집단에서 추출할 수 있다면, 그러한 표본을 이용하여 모집단의 모수를 추정하는 것은 수학적으로 증명되어 있다. 모집단의 모수와 표본의 통계량의 차이를 오차라는 개념으로 상정할 때, 결과적으로 모수는 표본 통계량과 오차의 합으로 정의할 수 있으며, 오차가 매우 작게 표본이 추출되었다면(심지어 전혀 없다면, 즉 오차가 0이 된다면) 우리는 표본을 통해 모수를 완벽하게 말할 수 있다. 이런 의미에서 통계학은 오차의 과학이라고 부를 수 있으며, 오차를 최소화하기 위한 표본추출방법의 전략이 통계분석에 앞서 우선적으로 필요하다.

결과적으로 추정은 표본의 통계량을 이용하여 모수를 말하는 것인데, [그림 1-1]에서 가장 널리 사용되는 (표본)통계량인 표본평균, 표본분산, 표본표준편차, 표본비율 등을 제시하였고, 이들에 상응하는 모수(값)들인 모평균, 모분산, 모표준편차, 모비율을 제시하여 추정을 도식화하였다. 여기서 두 가지 주목할 것이 있는데 하나는 평균, 분산, 표준편차, 비율 등의 통계적 개념에 각각 '모'와 '표본'을 단어 앞에 붙여서 그 해당 개념들의 수치가 표본에서 나온 것인지, 모집단의 것인지를 구분하였다는 점이다. 예를 들어 표본평균은 표본에서 구해진 평균(값)이며 모평균은 모집단에서 구해질 수 있는 평균을 의미하게 되고, 추정은 표본평균을 이용하여 모평균을 말하는 것이다. 아울러 주목할 것은 기호를 사용함에 있어서 모수와 표본통계량을 구분하기 위하여 그리스 알파벳과 그에 상응하는 영어알파벳을 사용하는 것을 국제적인 약속으로 사용한다는 것이다. 예를 들어 표본평균은 $\overline{X}$(x bar라고 읽음)로 표시하며 그에 상응하는 모평균은 μ(뮤라고 읽음)로 표기하게 된다.

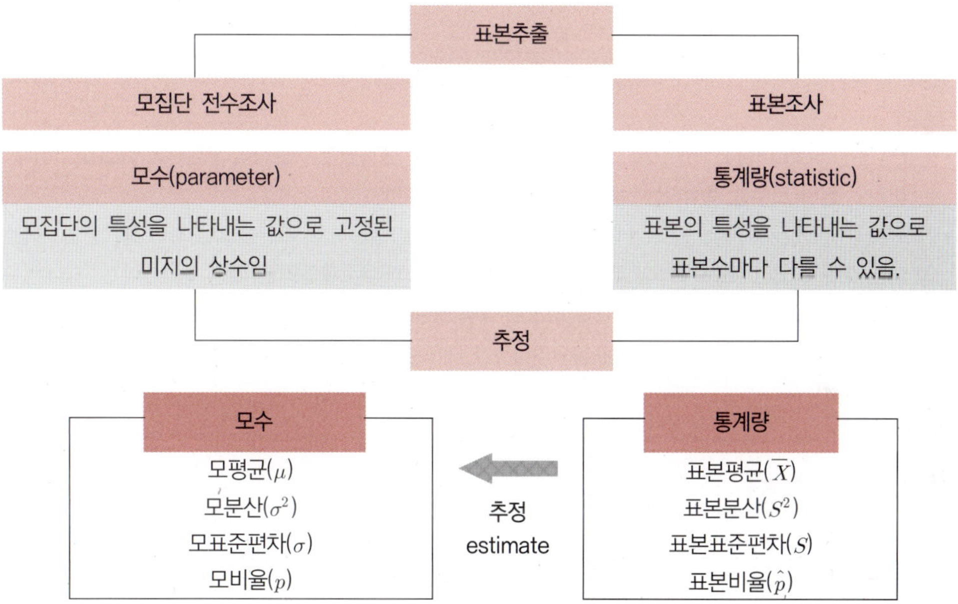

[그림 1-1] 모집단과 추정의 관계

통계적 추론은 크게 두 가지로 나누어 볼 수 있는데, 먼저 표본을 이용하여 모집단의 특성을 알아내는 통계적 추정(Statistical Estimation)이 있고, 다음으로 그러한 통계적 추정의 원리를 이용하여 연구자가 모집단에 대한 특정한 가설을 설정하고 검정하는 가설검정(Hypothesis Testing)으로 구분할 수 있다. 통계적 추정은 모수를 추정하는 방식에 따라 점추정(Point Estimation)과 구간추정(Interval Estimation)으로 구분할 수 있는데,

일반적으로 모수를 하나의 수치로 추정하는 점추정보다는 모수가 일정한 범위 안에 있다고 추정하는 구간추정이 선호되며, 가설검정은 구간추정의 원리를 이용한 일련의 통계적 의사결정 과정이 된다.

〈표 1-6〉 통계적 추론

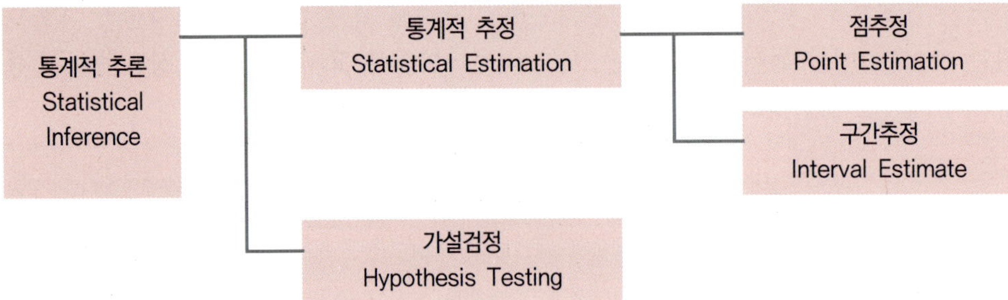

- 통계적 추정(Statistical Estimation): 표본의 특성을 나타내는 통계량을 이용하여 모집단의 특성을 나타내는 미지의 값인 모수를 측정하는 과정
- 가설검정(Hypothesis Testing): 모수에 대하여 특정한 가설을 설정하고, 표본을 추출하여 통계량을 계산한 다음 이를 기초로 하여 모수에 대한 가설을 채택 또는 기각을 결정하는 과정
- 점추정(Point Estimation): 모수를 하나의 값으로 추정하는 방법
- 구간추정(Interval Estimate): 모수가 포함되리라고 기대하는 구간을 설정해주는 방법

5. 가설검정

1) 주요 개념

(1) 가설(Hypothesis)

연구자가 어떤 한 변수에 대하여 참일 수 있는 잠정적인 검증 가능한 진술 또는 변수들 간의 참일 수 있는 일정한 관계에 대하여 잠정적인 검증 가능한 진술이다. 가설은 명제 형태로 제시되며, 그 명제는 변수들과 그 변수들에 대한 기술로 이루어진다. 통계적 가설검정 절차에서 가설은 연구가설(대립가설로 부르기도 함)과 귀무가설(영가설로 부르기도 함)로 구분된다. 또한 가설은 사회과학연구 방법을 통하여 검정 가능해야 한다.

(2) 연구가설(대립가설, Research Hypothesis, H1)

연구자가 연구하는 현상에 대해 궁극적으로 참으로 받아들여질 수 있는 이론적 기술 또는 설명으로서의 진술을 연구가설이라고 한다. 연구가설은 대립가설(영가설과 상충한다는 의미에서)이라고도 불리며 H1으로 표기한다. 연구가설은 언어적으로 진술되지만 궁극적으로는 통계적으로 검정할 수 있는 형태 즉 수하적인 표현(수식)으로 나타나야 한다. 예를 들어, 연구가설의 일반적인 언어적 설정은 ① ...은 0이 아니다, ② ...은 차이가 있다, ③ ...은 효과가 있다 이다. 한 예로서 "성별에 따라 교육만족도에 차이가 있다"라는 연구가설을 언어적으로 진술할 수 있고, 이를 "남성의 교육만족도 - 여성의 교육만족도 ≠ 0"이라는 수학적인 형태로 표현할 수 있다(그리고 실제로 통계분석과정에서 수학적 계산을 사용한다).

(3) 귀무가설(영가설, Null Hypothesis, H0)

가설검정 과정에서 연구가설과 상충하는 가설로서 제시되는 가설이며, 통계적 검증에 필요한 확률적 의미로서 사용되는 가설이다. 귀무가설은 영가설로 불리기도 하며 H0로 표기한다. 여기서 꼭 기억해야 하는 것은 귀무가설은 연구가설에 완벽하게 상충해야 한다는 것이다. 마치 동전 던지기를 할 때 그 결과가 앞면이 나오면 뒷면은 나오지 않는 것처럼 통계분석의 결과는 귀무가설이 기각되면 연구가설이 지지될 수(채택될 수) 있도록 연구가설과 귀무가설이 상충되게 설정되어야 한다. 실제로 우리는 연구가설을 세우는 것이지 귀무가설을 세우는 것이 아니기에 연구가설 설정시 연구가설이 귀무가설에 수학적으로 완벽하게 상충되도록 설정하는 것이 중요하다.

일반적인 귀무가설의 언어적 설정은 ① ...은 0이다, ② ...은 차이가 없다, ③ ...은 효과가 없다 이다. 예를 들어, "성별에 따라 교육만족도에 차이가 있다"라는 연구가설이 설정되었다면 그에 상충하는 귀무가설은 "성별에 따라 교육만족도에 차이가 없다." 라고 설정할 수 있게 된다. 그리고 이를 "남성의 교육만족도－여성의 교육 만족도=0" 이라는 수학직인 형태로 표현힐 수 있게 된다. 기억할 것은 통계분석을 통한 가설검정 과정은 표본에서 얻어진 자료를 분석하여 그 자료가 귀무가설을 기각할 수 있는지를 살펴보는 과정이다. 자료가 귀무가설을 기각할 수 있다는 결과가 나올 때 우리는 마치 동전의 앞면을 선택하지 않으면 뒷면을 받아들이듯이 귀무가설 대신 자료가 연구가설을 지지하는 것으로 판단하는 것이다.

(4) 신뢰구간

일정한 신뢰수준(Confidence Level)이 주어졌을 때 모수가 어느 범위 안에 있을지를 확률적으로 표현하는 방법이다. 이를 보다 쉽게 설명하면, 표본에서 얻어진 통계치를 고려하여(즉 추정을 통해) 모수가 있을 수 있는 구간을 상한값과 하한값으로 제시하는 방식으로 (범위를) 정하는 일인데, 이때 신뢰수준을 제시하여 오류를 범할(상한값과 하한값으로 정한 범위에 모수가 없을 수 있는) 확률을 제시하여 준다는 것이다. 구체적인 예를 들어 보면, 10점 만점인 교육만족도 검사를 실시하여 얻어진 표본에서 남성의 교육만족도 평균(즉 표본평균)이 7점이 나왔을 때 모집단에서 남성의 교육만족도 평균(즉 모평균)이 존재할 수 있는 구간을, 아래의 공식을 통하여 그 범위(상한값과 하한값을 계산하고 제시하여 범위를 나타냄)를 오류 확률을 가지고 제시할 수 있는 것이다. 만약 95%의 신뢰수준(나머지 5%는 오류를 범할 가능성 수준)을 정하면 아래의 공식에서 α는 .05(유의수준이라고 함)로 설정될 것이고 최종적으로 신뢰구간은 "$6.1 \leqq \mu \leqq 7.9$"라는 형태로 제시된다.

신뢰구간 모평균(μ)에 대한 $100-(1-\alpha)\%$ 신뢰구간

$$\overline{X} \pm Z_{\alpha/2}\frac{\sigma}{\sqrt{n}}$$

2) 가설검정

가설검정이란 일련의 절차를 통한 통계적인 의사결정이다. 여기서 통계적인 의사결정이란 표본추출을 통하여 얻어진 자료가 연구가설을 지지하는지 판정하는 것을 의미한다. 다시 말해 가설검정은 서로 완벽하게 상충하는(마치 동전의 앞면과 뒷면처럼) 연구가설(H1)과 귀무가설(H0)을 설정하고 두 가설 중에서 하나를 선택하는 과정이며, 이 과정에서 자료를 분석하여 나온 결과를 바탕으로 귀무가설을 채택(Accept)하면 연구가설을 기각(reject)하게 되고, 반대로 귀무가설을 기각하면 연구가설을 채택하게 된다.

보다 편하게 보면 가설검정이란 귀무가설을 채택할 것인가 기각할 것인가를 결정하는 과정이라고 말할 수 있다. 이러한 통계적 의사결정(즉 가설검정)을 위해서는 귀무가설을 기각할 수 있는지를 판단할 수 있는 원리 또는 방안이 필요한데, 이를 위해 분포이론 특히 표준정규분포의 값과 특징이 사용된다. 이 원리 또는 방안을 간략히 설명하면, 관심이 되는 연구자의 가설에 상충하는 귀무가설에 해당하는 통계치를 구하고 그 통계치를 수학적으로 변환하여 검정통계치(예를 들어 Z분포 값, t분포 값, x^2분포 값: 부록 참조)를 만들고 검정통계치의 표준정규분포상에서 일정한 영역을 신뢰수준에 따라 채택역과 기각역으로 이분하여 채택역의 신뢰구간을 설정한 후에 (통계치에서 변환되어진) 검정통계치의 값이 채택역에 속하는지 기각역에 속하는지를 판정하는 것이다. 이 과정에서 연구자는 귀무가설을 기각하여 (자동적으로) 연구가설을 채택하기를 원하게 된다. 주목할 것은 부록에 제시한 검정통계치 값들의 분포표가 통계적 가설검정(적어도 모수통계에서는)에서는 마치 각도를 잴 수 있는 모든 수치가 표시된 각도기 같은 역할을 한다는 것이다. 그리고 신뢰수준은 마치 예각, 직각, 둔각, 평각처럼 규준의 역할을 하는 것이다. 이러한 관점에서 가설검정은 자료에 나타난 통계치에 대한 연구가설을 검정통계치 분포표를 이용하여 통계적 의사결정(귀무가설의 기각/채택여부) 하는 것이다.

가설검정

〈표 1-7〉 가설검정의 기각/채택역 수식

귀무가설(영가설)	연구가설(대립가설)
$H_0 = \mu = \mu_0$	$H_1 = \mu \neq \mu_0$

기각역	$\lvert Z\rvert = \left\lvert \frac{\overline{X}-\mu_0}{\sigma/\sqrt{n}} \right\rvert > z_{\sigma/2}$
채택역	$\lvert Z\rvert = \left\lvert \frac{\overline{X}-\mu_0}{\sigma/\sqrt{n}} \right\rvert \leq z_{\sigma/2}$
채택역 신뢰구간	$\overline{X}-z_{\sigma/2}\frac{\sigma}{\sqrt{n}} \leq \mu_0 \leq \overline{X}+z_{\sigma/2}\frac{\sigma}{\sqrt{n}}$ 귀무가설(H_0)이 $100-(1-\alpha)\%$ 신뢰구간 내에 있으면 유의수준 α에서 귀무가설 H_0: $\mu=\mu_0$을 기각할 수 없다.

3) 가설검정 단계

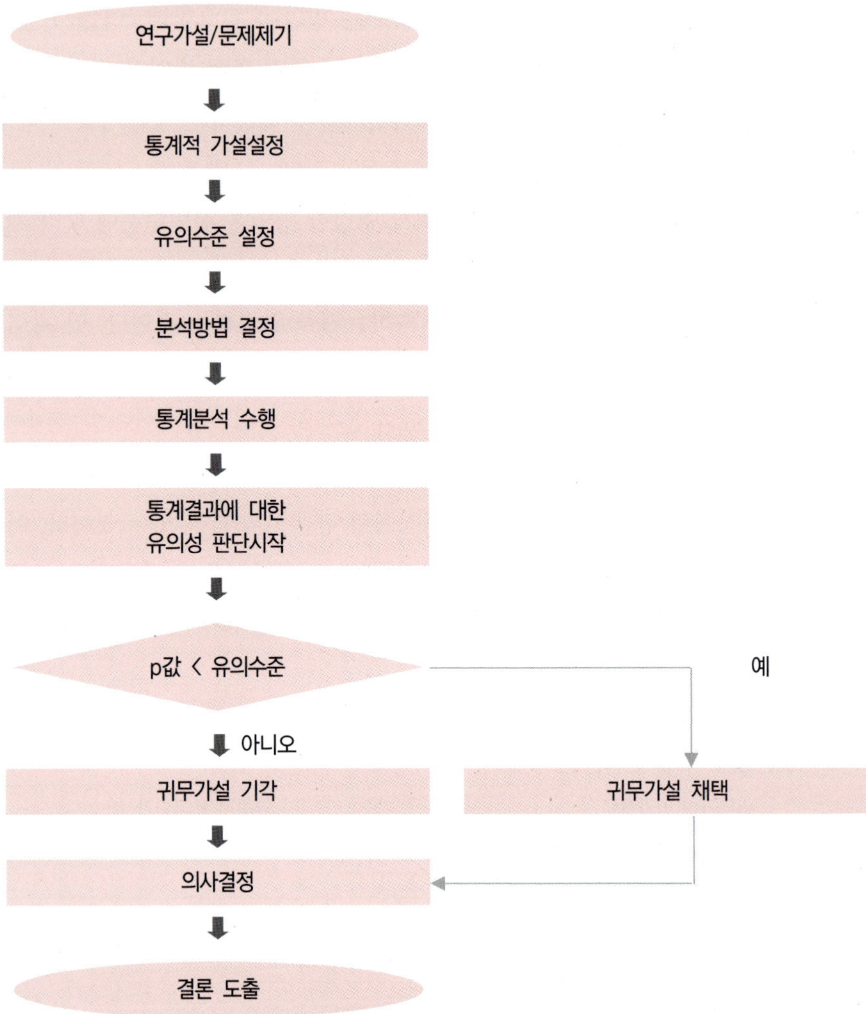

[그림 1-2] 가설검정 단계

단계 1 언어로 진술된 연구가설에 대한 수학적 표현인 대립가설을 설정하고 이에 상충하는 귀무가설(영가설)을 설정한다(통계적 가설설정 단계).

이 과정에서 기억해야 하는 것은 우리는 연구가설에 대한 주장에 관심이 있지만 통계적 가설검정 과정은 연구가설이 아닌 참이라고 상정한 귀무가설의 기각/채택 여부에 초점을 둔다는 것이다. 우리의 논리는 표본에서 얻어진 자료의 통계치들이 귀무가설이 참일 때 얼마나 발생할 가능성이 낮은지를 보여주는 일이다. 즉 표본 통계치는 귀무가설이 참이면 100번 통계적 실험(표본추출)을 할 때 5번 이하로 나올 극단적인 값이기에 표본자료는 귀무가설의 통계치가 나오는 모집단에서 나오지 않고 다른 모집단(연구가설을 지지하는 모집단)에서 나왔다는 논리가 가설검정에 내재하고 있는 것이다.

단계 2 유의수준을 정한다.

유의수준(Significance Level)은 통계적 가설검정에서 오류를 범할 확률을 설정하는 것이다. 여기서 오류를 범한다는 것은 귀무가설(영가설)이 참이어서 채택하여야 함에도 불구하고 표본의 자료가 우연히 참인 귀무가설을 기각할 수 있는 표본이 뽑혀서 귀무가설이 기각되는 결과를 가져올 확률을 의미한다. 이러한 오류(참인 귀무가설을 기각해버리는 오류)를 1종 오류라고 하고, 일반적으로 세 가지 수준 즉 α 값이 .05, .01, .001를 사용한다. α= .05일 때 95% 신뢰수준, α= .01일 때 99%의 신뢰수준, α= .001일 때 99.9%의 신뢰수준이라고 불린다.

단계 3 가설검정에 적합한 통계분석방법을 설정하여 실시한다.

여러 가지 통계분석기법들이 발달되어 있기에 연구자는 연구가설을 분석하기 위해 가장 적합한 통계방법을 선택하여야 한다. 이러한 선택에는 각각의 통계분석기법들이 가지고 있는 조건들(통계적 가정들)을 꼼꼼하게 검토하여야 한다. 가설검정의 차원에서 통계분석을 실시하는 것은 연구가설을 표현하는 통계치에 대한 검정통계치를 구하는 일이다. 모수통계인 경우, 표본 통계치는 이미 알려진 검정통계치 분포를 활용하게 되는 수학적 공식에 의하여 검정통계치로 손쉽게 변환될 수 있다.

단계 4 귀무가설이 옳다는 전제하에서 표본 관측에 의한 p값(유의확률)을 구한다.

귀무가설이 옳다는 전제에서 표본통계치를 검정통계치로 변환하고 나면 유의확률의 설정에 따른 해당 검정통계치 값에 상응하는 유의확률을 검정통계치 분포표에서 손쉽게 구할 수 있다.

단계 5 단계 4에서 구한 p값이 유의수준보다 작으면 귀무가설을 기각하고, 크면 귀무가설을 채택한다.

단계 4에서 구해진 p값을 유의수준을 나타내는 α값인 .05, .01, .001과 비교하는 일이다. 일반적으로 구해진 p값이 가장 낮은 유의수준인 .05보다 구해진 p값이 작으면 (귀무가설의 기각역에 들어온 것이기에) 귀무가설을 기각하게 된다.

단계 6 가설의 채택여부에 대한 의사결정을 내려서 결론을 도출한다.

단계 5에서 귀무가설의 기각은 자동적으로 연구가설의 채택이라는 통계적 의사결정을 내리게 된다. 이후 연구자는 통계적 의사결정에 따른 연구가설에 대한 해석과 연구의 최종 결론을 도출하게 된다.

6. 신뢰도와 타당도

1) 신뢰도(reliability)

신뢰도(reliability)는 동일한 대상에 대한 반복 측정을 통해서 측정치가 얼마나 안정적으로 산출되는지에 관한 것이다. 즉, 얼마나 일관성이 있는 것인가를 나타내는지 확인하는 것이다. 점수가 안정적으로 나올수록 신뢰도가 높은 것이고, 점수가 불안정할수록 신뢰도가 낮은 것으로 해석할 수 있다. 측정문항의 동질성을 측정하기 위해 가장 많이 사용되는 것이 Cronbach's α이다. 사회과학분야에서 Cronbach's α가 .60 이상이 나오면 비교적 신뢰할 수 있다고 해석할 수 있다.

신뢰도의 종류는 크게 '검사-재검사신뢰도', '동형검사신뢰도', '반분신뢰도', '문항내적합치도' 총 4가지로 분류할 수 있다.

〈표 1-8〉 신뢰도의 종류

신뢰도 종류	개념
검사-재검사신뢰도 (test-retest reliability)	• 신뢰도 측정에 가장 고전적인 방법임 • 일정한 기간을 두고 동일한 응답자에게 조사를 2회 실시하는 방법으로 시간의 변화에 따라 응답자의 일관성을 확인할 수 있음
동형검사신뢰도 (equivalent form reliability)	• 설문지의 내용과 난이도가 동일하지만 다른 문항으로 구성된 A형, B형의 설문지를 제작하여 설문하는 방법 • A형, B형 설문에서 얻은 응답의 상관성을 추정하여 신뢰도를 파악함
반분신뢰도 (split-half reliability)	• 조사하고자 하는 설문지의 문항을 반으로 나누어 얻은 응답의 상관계수로 신뢰도를 추정하는 방법 • Spearman-Brown(1910)의 공식을 사용해 상관계수를 계산함
문항내적합치도 (inter-item consistency reliability)	• 하나의 설문지로 모든 문항에 대한 반응의 일관성을 확인하는 방법 • 5개의 문항이 있으면 설문조사를 5번 하는 것과 같음 • Kuder-Richardson 신뢰도 계수와 Cronbach's α가 있음

2) 타당도(validity)

타당도(validity)는 척도가 실제로 측정하고자 하는 것을 얼마나 정확히 측정하는가에 관한 것이 될 수 있다(Rubin & Babbie, 2001). 응답을 통해 얻어진 점수의 적합성, 의미성, 유용성을 확인하고자 하는 것이다. 즉, 타당도 검증은 구성개념과 설문문항의 내용이 잘 반영되어 있는지를 검토하는 것으로, 이론에 기반해 작성된 척도의 경우 타당도 확인을 위해 요인분석(factor analysis)을 진행할 수 있다.

SPSS 프로그램에서 타당도 검증은 탐색적 요인분석(EFA: Exploratory Factor Analysis)을 통해 확인할 수 있다. 만약, 탐색적 요인분석 결과가 기존 이론과 매치가 잘 된다면 이론과 현실의 괴리의 갭(gap)이 적은 좋은 척도가 될 수 있다. 간혹 구조방정식 분석을 통해 요인분석(EFA) 결과를 재확인하는 확인적 요인분석(CFA: Confirmatory Factor Analysis)을 실시해 모형적합도를 확인할 수 있다.

타당도의 종류는 크게 '내용타당성', '기준타당성', '개념타당성(구성타당성)' 총 3가지로 분류할 수 있다.

〈표 1-9〉 타당도의 종류

종류		개념
내용타당성(content validity)		• 측정하고자 하는 내용이 조사 대상의 주요 국면을 어느 정도 대표하는지를 나타냄
기준타당성 (criterion validity)	예측타당성 (predictive validity)	• 측정대상의 속성(개념) 상태를 측정한 결과가 미래시점에서 다른 속성의 상태변화를 얼마나 정확하게 예측할 수 있는지 그 정도를 의미함 • 수능시험과 대학 입학 후 학점과 상관관계가 높다면 예측타당성이 높다고 볼 수 있음
	동시타당성 (concurrent validity)	• 현재 시점에서 관측되는 측정대상의 속성(A)에 대해 기준이 되는 속성(B)이 A와 동시에 같은 시점에 나타날 때 A와 B는 높은 상관관계를 가짐 • ex) 기업 임원에게 직무시험을 실시한 결과 시험 성적이 높은 임원이 직무성과 역시 높게 나타남
개념타당성 (구성타당성) (construct validity)	집중(수렴) 타당성 (convergent validity)	• 어떤 하나의 구성개념을 측정한 결과 측정값들 간의 상관관계가 높다면 집중(수렴)타당성이 높다는 것을 의미함
	판별타당성 (discriminant validity)	• 서로 다른 구성개념에 대한 측정을 실시하여 얻게 된 측정값들은 서로 상관관계가 낮아야 한다는 것을 의미함
	법칙(이해)타당성 (nomological validity)	• 서로 다른 구성개념들 사이에 이론적인 관계가 있을 경우 이를 측정한 값들 간에도 이론적인 관계에 상당하는 관계가 확인되는 경우를 의미함

3) 신뢰도와 타당도의 관계

신뢰도와 타당도의 관계는 다음의 [그림 1-3]과 같다. [그림 1-3]에 제시된 3개 과녁 순으로 살펴보면 다음과 같다. 먼저, [과녁 1]을 살펴보면, 검은색 원 5개가 산발적으로 여기저기에 흩어져 있는 모습인데, 이는 낮은 신뢰도와 낮은 타당도를 말한다. [과녁 2]를 살펴보면, 검은색 원 5개가 과녁에서 좀 벗어났으나 한 곳에 몰려 있는 것을 볼 수 있는데, 이는 신뢰도는 높지만, 타당도가 낮은 것으로 볼 수 있다. [과녁 3]을 살펴보면, 검은색 원 5개가 과녁 중간에 몰려 있는 것을 볼 수 있는데, 이는 신뢰도도 높고, 타당도도 높은 것으로 볼 수 있다.

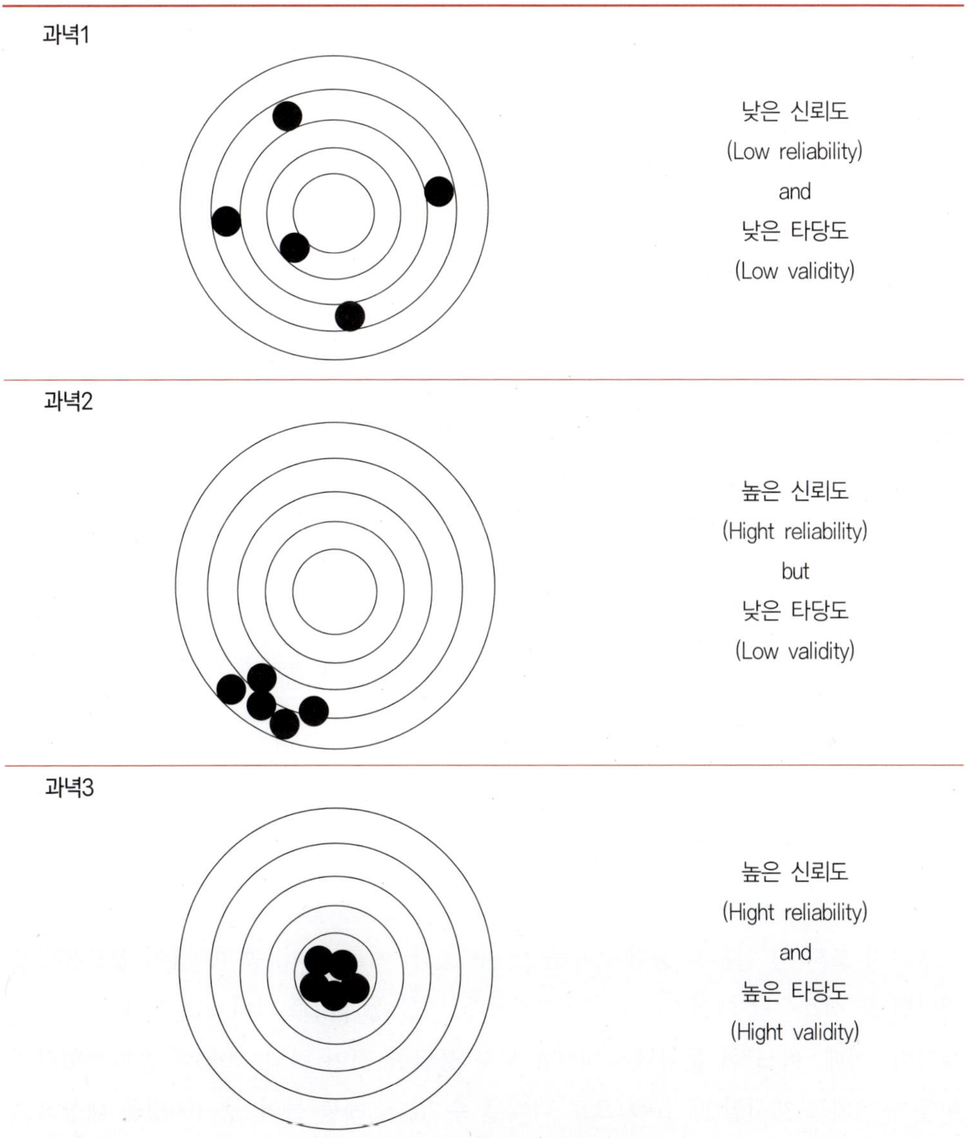

[그림 1-3] 신뢰도와 타당도의 관계

7. 통계 용어 개념 정리 및 축약어

1) 모수(population parameter)

모수(population parameter)는 모집단의 특성에 대한 값을 말한다. 즉, 관심의 대상이 되는 모집단을 대표하는 값을 의미한다. 모수는 미지의 상수값으로 모수값은 알려져 있지 않다. 단, 모집단에서 추출한 표본을 선정하고 분석을 통해 모수를 추정할 수 있다. 모수는 통상 그리스어(α, β, μ)로 표시된다.

모집단의 평균: μ , 모집단의 표준편차: σ , 모집단의 분산: σ^2

2) 검정통계량(statistic)

검정통계량(statistic)이란 가설검정에서 관측된 표본으로부터 구하는 통계량으로, 분포는 가설에서 주어지는 모수에 의존한다. 즉, 모집단에서 추출한 표본을 바탕으로 표본 특성을 통해 모수를 추측하고 추론한다. 통계량은 보통 a, b, $\overline{X}$ 등으로 표시한다.

표본의 평균: $\overline{X}$, 표본의 표준편차: s , 표본의 분산: s^2

3) Case(N, n)

설문지 조사 시 설문지 응답자 수를 알 수 있다. 예를 들어, 총 100명이 설문응답을 했다면 총 설문응답 케이스(case)는 100명이다. 이를 통계치로 나타내면 'N=100'이 되는 것이다. 이때, 어느 한 문항에서 100명 모두 응답한 것이 아닌, 90명이 응답하였다면 이를 통계치로 제시할 때 'n=90'으로 나타낼 수 있다. 예를 들어, 총 100명을 대상으로 설문조사를 진행했지만, 성별 문항에 응답한 사람이 남자 40명, 여자 50명으로 총 90명이었다. 이럴 경우 [예시]와 같이 총 100명 응답을 'N=100'으로 표기하고 성별에는 그

중 90명만 응답하였다는 표시로 'n=90'으로 표기한다.

예시 인구사회학적 특성 (N=100)

구분		N	%
성별 (n=90)	남자	40	44.4
	여자	50	55.6

4) 자유도(d.f.: degrees of freedom)

df(degrees of freedom)는 통계에서 '자유도'를 의미한다. 자유도는 주어진 조건에서 통계적 제한을 받지 않고 자유롭게 변화할 수 있는 수이다. 예를 들어, 평균이 정해진 모집단이 있고, 그 모집단의 표본수가 10개인 경우가 있다. 그중 9개의 표본은 어떠한 값이든 자유롭게 값이 정해질 수 있지만 마지막 1개 표본은 평균값이 정해져 있으며, 그 1개의 표본은 다른 9개 표본의 평균값에 의해 정해지게 된다. 즉, 표본의 개수가 n개인 경우 자유도는 $n-1$이 된다.

5) 유의수준(α)과 유의확률(p-value)

연구자는 자신의 연구에 대한 연구가설(대립가설)과 귀무가설(영가설)을 세우고, 연구가설을 채택할 것인지 기각할 것인지를 유의수준(α)과 유의확률(p-value)을 통해 확인할 수 있다.

(1) 유의수준(α)

유의수준(α)은 연구자가 세운 연구가설의 기각/채택 여부를 사용하는 데 기준이 된다. 유의수준은 0.1%(.001), 1%(.01), 5%(.05)으로 정할 수 있는데, 유의수준을 5%로 정했다면 연구가설이 채택될 확률이 95%이고, 기각될 확률이 5%라는 의미이다.

(2) 유의확률(p-value)

유의확률(p-value)은 연구자의 통계적 분석을 통해 나온 값으로 유의수준(α)과 비교하여 연구가설의 채택/기각을 할 수 있다. 즉, 분석결과 유의확률 p값이 0.02로 나타났다면, 유의수준 .05(5%) 기준에서 유의확률 값이 작기 때문에 연구가설을 채택하고 귀무가설을 기각할 수 있는 것이다.

유의확률(p값)과 유의수준(α)은 다음과 같은 관계가 있다(그림 1-4 참고).

(3) 유의수준(α)과 유의확률(p-value)의 관계

양측검증 유의확률 p값 $\geq$ 유의수준 α : 귀무가설 채택, 연구가설 기각

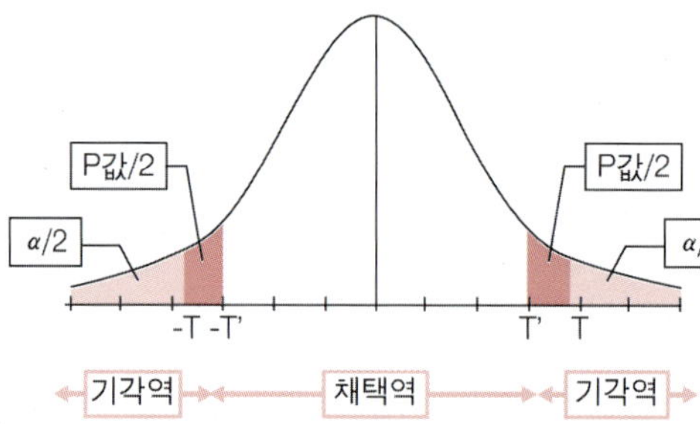

단측검증 유의확률 p값 $<$ 유의수준 α : 귀무가설 기각, 연구가설 채택

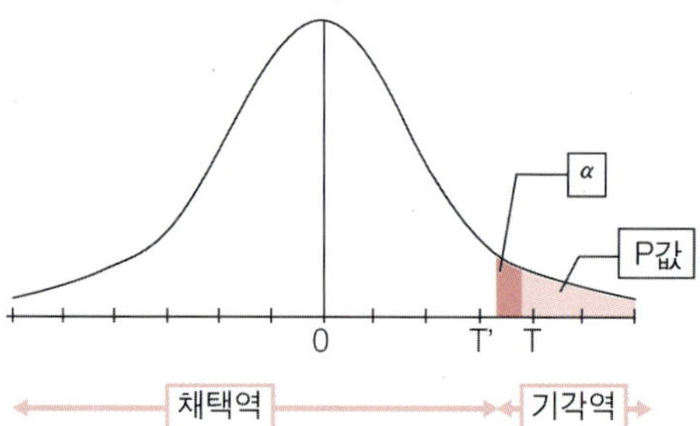

[그림 1-4] 양측검증과 단측검증

Chapter 02

SPSS 이해

1. SPSS 프로그램 소개

SPSS(Statistical Package for the Social Sciences)는 데이터의 통계분석에 사용되는 소프트웨어 패키지이다. 쉽게 말해 컴퓨터를 이용하여 복잡한 데이터 자료를 쉽게 처리하여 분석할 수 있도록 하는 소프트웨어이다. 이 소프트웨어는 원래 사회과학을 위한 용도였으나, 건강과학, 마케팅시장조사 및 데이터마이닝에서 인기를 얻었다.

〈표 2-1〉 SPSS의 약자

S	Statistical	통계적인, 통계학상의, 통계에 근거한
P	Package	제시하다
S	Social	사회의, 사회적인
S	Sciences	과학
사회과학 연구를 위한 통계패키지가 SPSS이다.		

Information

SPSS 프로그램은 데이터솔루션 홈페이지를 통해 '평가판' 프로그램을 사용할 수 있으며, SPSS 평가판은 설치 후 14일 동안 사용할 수 있다.

• 평가판 다운링크: http://spss.datasolution.kr/trial/trial.asp

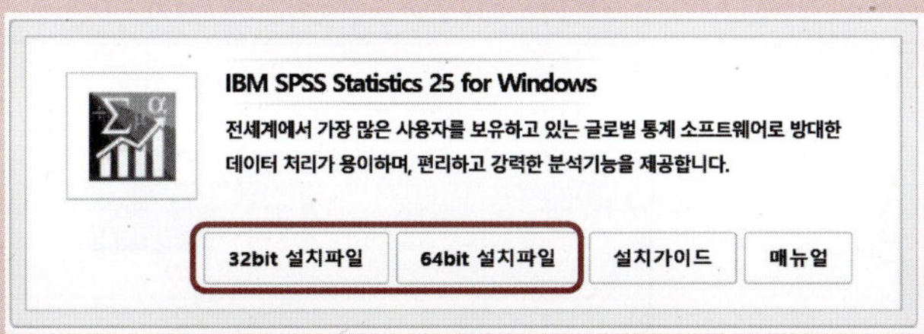

2. SPSS 주요기능 소개

1) SPSS 프로그램 창

이 장에서는 SPSS 프로그램 실행 시 나타나는 화면에 대해 확인해보고자 한다. SPSS 실행 시 먼저 실행되는 기본 창으로는 ① 작업 선택 화면, ② SPSS 프로그램 입력화면, ③ 출력 결과 화면이다.

(1) SPSS 프로그램 작업 선택 화면

SPSS 작업 선택 화면은 SPSS 프로그램 실행 시 최근 실행했던 파일들을 한 눈에 확인할 수 있으며, 새 데이터를 불러오거나 기존 실행했던 파일을 불러 올 수 있다. 또한, SPSS 프로그램의 새로운 기능과 기능에 대한 설명 등을 확인할 수 있다. 본 창은 기본적으로 첫 화면으로 미사용 시 '앞으로 이 대화 상자를 나타내지 않음'을 클릭하면 앞으로 본 창이 활성화되지 않는다.

[SPSS 작업 선택 화면]

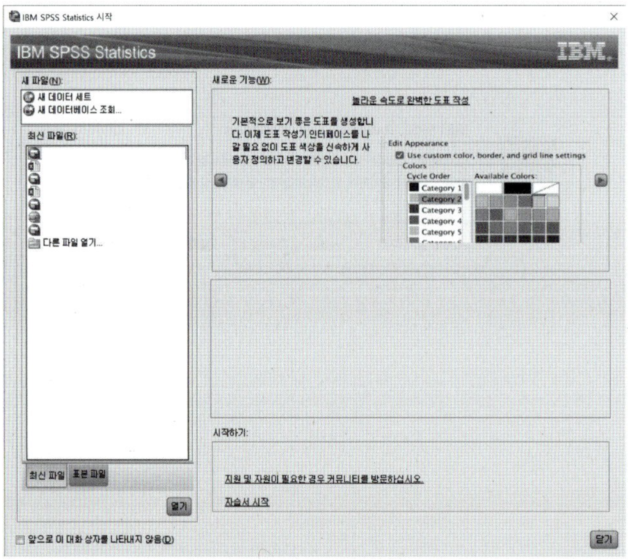

(2) SPSS 프로그램 입력화면

SPSS 작업 선택 화면 종료 시 나타나는 두 번째 화면은 입력화면이다. 본 화면에서는 상단의 제목, 메뉴, 도구모음과 하단의 데이터 보기, 변수 보기 아이콘을 확인할 수 있다. 각 아이콘에 대해 좀 더 자세히 살펴보도록 하겠다.

[SPSS 프로그램 입력화면]

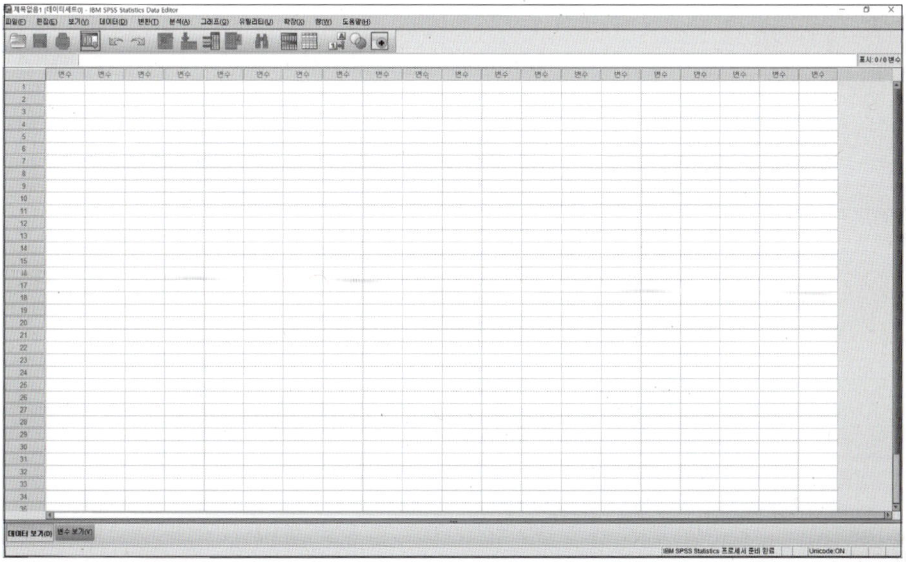

프로그램 상단	제목, 메뉴, 도구모음

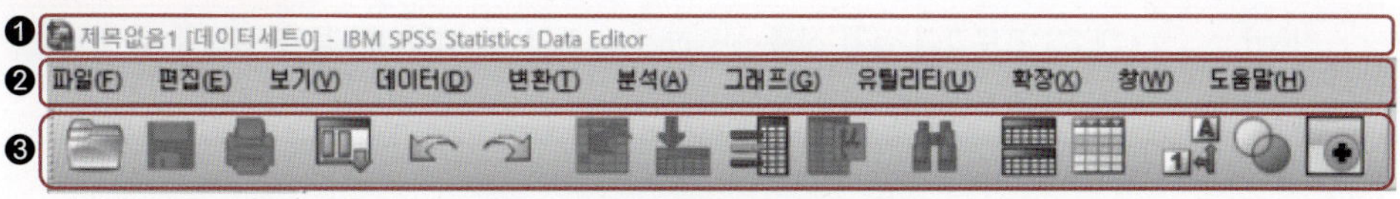

❶ 제목 표시줄: 기본적으로 SPSS 프로그램 실행 시 '제목없음1'이라 명명되어 있다. 프로그램을 저장할 때 제목을 작성하면 작성한 제목이 표시줄에 나타나게 된다.

❷ 메뉴 표시줄: 메뉴는 파일, 편집, 보기, 데이터, 변환, 분석, 프로그램, 유틸리티, 확장, 창, 도움말이 있으며, 해당 메뉴의 자세한 설명은 다음과 같다.

<table>
<tr><td>파일(F)</td><td>• 새 파일을 실행하거나, 기존 파일을 열기, 데이터 가져오기, 데이터 저장 등 데이터 실행부터 저장, 종료의 기능을 수행할 수 있다.</td></tr>
<tr><td>편집(E)</td><td>• 데이터 입력을 취소하거나 다시 실행하기, 변수 복사, 변수삽입, 케이스삽입, 옵션을 기능 등 주로 데이터 편집을 할 수 있다.</td></tr>
<tr><td>보기(V)</td><td>• 상태표시줄, 도구모음, 메뉴편집기 기능 등 화면에 보이는 아이콘을 편집하고, 프로그램 실행 상태를 설정할 수 있다.</td></tr>
<tr><td>데이터(D)</td><td>• SPSS에 입력한 데이터의 특성을 설정하거나, 2개 파일의 변수나 케이스 추가, 파일분할, 특정 케이스를 선택할 수 있다.</td></tr>
<tr><td>변환(T)</td><td>• 주로 변수 계산, 같은변수(다른변수)로 코딩변경, 시각적 구간화 등 입력된 변수를 변환하는 데 사용할 수 있는 기능이 있다.</td></tr>
<tr><td>분석(A)</td><td>• 데이터 분석 시 사용되는 분석방법들을 수행할 수 있다. 사용자들이 가장 많이 사용하는 메뉴로 앞으로 설명될 분석방법을 해당 메뉴를 통해 선택하게 된다.
<table>
<tr><td>기술통계</td><td>빈도분석, 기술통계, 교차분석</td></tr>
<tr><td>평균비교</td><td>독립표본 T검정, 대응표본 T검정, 일원배치분산분석(ANOVA)</td></tr>
<tr><td>일반선형모형</td><td>일변량(이원분산분석, 공변량분석)</td></tr>
<tr><td>상관분석</td><td>이변량 상관</td></tr>
<tr><td>회귀분석</td><td>선형, 이분형로지스틱</td></tr>
<tr><td>ROC커브곡선</td><td>ROC 커브 분석</td></tr>
</table></td></tr>
<tr><td>그래프(G)</td><td>• 분석한 데이터를 다양한 차트(그래프, 원 등)로 변환해 시각화된 자료를 제공한다.</td></tr>
<tr><td>유틸리티(U)</td><td>• 사용자가 입력된 데이터와 변수의 정보를 쉽게 파악할 수 있도록 도와준다.</td></tr>
<tr><td>확장(X)</td><td>• 기존 설치된 SPSS 프로그램의 기능을 확장하여 사용하기 위해 확장 패키지(R, Python, Java 등) 또는 업데이트 설치가 가능하다.</td></tr>
<tr><td>창(W)</td><td>• SPSS 프로그램 실행 창을 선택하거나, 크기 및 위치설정 등을 실행할 수 있다.</td></tr>
<tr><td>도움말(H)</td><td>• SPSS 프로그램을 쉽고 편리하게 사용할 수 있도록 정보를 제공한다.</td></tr>
</table>

❸ 도구모음: 도구모음은 기본적으로 사용하는 메뉴의 기능을 아이콘으로 나타낸 것이다. 사용자가 분석 중 아이콘을 통해 쉽게 데이터를 불러오거나 저장, 인쇄할 수 있고, 최근 사용한 실행내용 호출, 데이터 찾기, 파일분할, 케이스 선택, 값 레이블 보기 등을 실행할 수 있다. 도구모음 중 주요 아이콘에 대해 설명하면 〈표 2-2〉와 같다.

〈표 2-2〉 도구모음 주요 아이콘

아이콘	의미	단축키	설명
	데이터문서 열기		• 기존 저장된 SPSS 파일을 불러올 수 있다.
	이 문서 저장	Ctrl+S	• 현재 실행하고 있는 SPSS 파일을 저장할 수 있다.
	인쇄	Ctrl+P	• 현재 실행하고 있는 SPSS 파일을 인쇄할 수 있다.
	최근 사용한 대화상자 다시 호출		• 최근 사용한 메뉴를 다시 불러 올 수 있다. 예를 들어, 메뉴의 기술통계를 사용했다면 다시 메뉴 표시줄을 클릭할 필요 없이 이 아이콘을 통해 다시 기술통계를 사용할 수 있다.
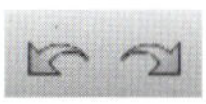	사용자 작업 실행 취소 및 다시 실행	Ctrl+Z Ctrl+Y	• 입력한 데이터를 이전 상태로 돌려놓거나, 다시 실행할 수 있다.
	찾기	Ctrl+R	• 각 변수에 입력한 데이터를 찾을 수 있다.
	파일 분할		• 파일분할은 각 집단별로 비교분석에 유용하다.
	케이스 선택		• 케이스 선택은 확인하고자 하는 케이스만을 선택해 분석하는 데 유용하다.
	값 레이블		• 데이터를 코딩한 숫자를 입력한 값으로 전환하여 보여줄 수 있다.

프로그램 하단	데이터 보기, 변수 보기

❶ 데이터 보기(D) : 데이터 보기는 사용자가 입력한 데이터를 확인할 수 있다. 상단 윗줄에는 입력한 변수가 활성화되어 있으며, 왼쪽은 입력한 케이스의 수를 보여준다.

[SPSS 데이터 보기의 예시]

	일련번호	성별	흡연태도합계	사전흡연태도	사후흡연태도
1	1.00	2.00	8.00	8.00	4.00
2	2.00	2.00	20.00	20.00	18.00
3	2.00	1.00	13.00	13.00	5.00
4	3.00	2.00	.00	.00	1.00
5	3.00	1.00	11.00	11.00	16.00
6	4.00	1.00	32.00	32.00	36.00
7	4.00	1.00	9.00	9.00	19.00
8	5.00	2.00	6.00	6.00	1.00
9	5.00	2.00	17.00	17.00	16.00

❷ 변수 보기(V) : 변수 보기는 사용자가 입력한 변수의 이름, 유형, 레이블, 값, 결측값, 측도 등을 확인할 수 있다.

[SPSS 변수 보기의 예시]

	이름	유형	너비	소수점이...	레이블	값	결측값	열	맞춤	측도	역할
1	일련번호	숫자	8	2		없음	없음	15	오른쪽	척도	입력
2	성별	숫자	8	2		{1.00, 남}...	없음	15	오른쪽	척도	입력
3	흡연태도합계	숫자	8	2		없음	없음	15	오른쪽	척도	입력
4	사전흡연태도	숫자	8	2		없음	999.00	15	오른쪽	척도	입력
5	사후흡연태도	숫자	8	2		없음	999.00	15	오른쪽	척도	입력
6	흡연태도8...	숫자	8	2		없음	999.00	15	오른쪽	척도	입력
7	권하는담배...	숫자	8	2		{.00, 전혀유...	없음	15	오른쪽	척도	입력
8	학교생활만...	숫자	8	2		{1.00, 아주...	없음	15	오른쪽	척도	입력

구분	설명
이름	• 변수의 이름을 설정할 수 있다.
유형	• 각 변수가 어떤 유형(숫자, 날짜, 문자 등)인지를 설정할 수 있다.
레이블	• 각 변수에 대한 설명을 입력할 수 있다.
값	• 각 변수의 값을 설정할 수 있다(ex. 1: 남자, 2: 여자).
결측값	• 입력한 데이터의 결측값이 있을 경우 그 값을 입력하면 분석 시 결측값을 제외한 분석이 가능하다.
측도	• 입력한 변수의 형태 즉, 척도형, 순서형, 명목형을 설정할 수 있다.

(3) SPSS 프로그램 출력 결과 화면

SPSS 프로그램 출력 결과 화면은 분석을 준비하거나 분석 결과를 보여주는 창이다. 사용자가 분석한 내용이 순서대로 결과 화면을 통해 나타나며, 결과 내용의 표를 편집, 저장, 인쇄할 수 있는 기능이 있다. SPSS 프로그램을 통한 모든 분석 결과는 출력 결과 화면을 통해 확인할 수 있으며, 이 결과표를 이용해 논문 표를 작성할 수 있다.

[SPSS 프로그램 출력 결과 화면]

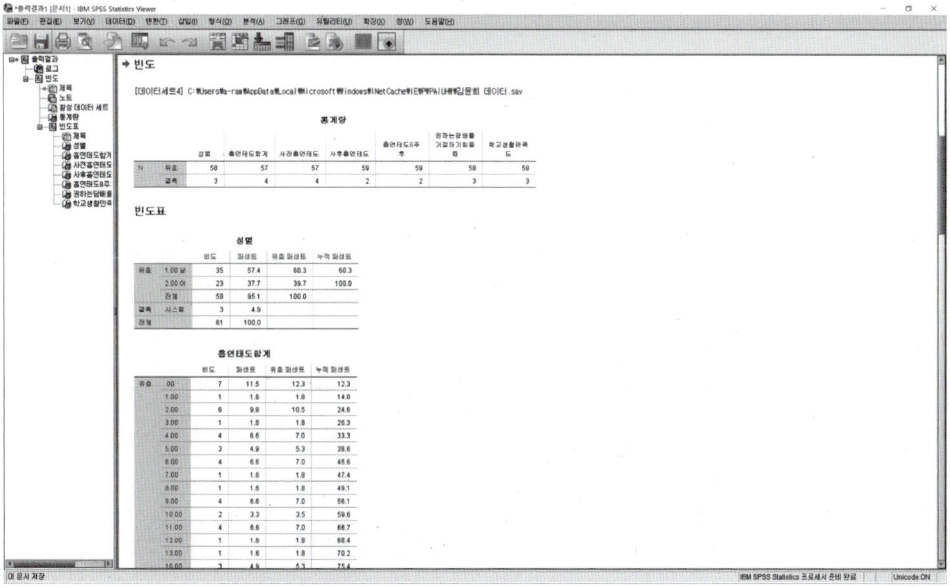

2) SPSS 프로그램 주요 활용 기능

이 장에서는 SPSS 프로그램에서 가장 많이 활용되는 주요 기능들을 소개하고 사용 방법에 대해 살펴보도록 하겠다. 소개되는 주요 활용 기능은 변수 계산, 케이스 선택, 파일 분할, 케이스 정렬, 파일 합치기로, 본격적인 통계 분석 전 가장 많이 사용되기 때문에 사용자는 이 기능을 꼭 숙지하여야 한다.

(1) 변수 계산

의미 변수 계산은 측정하고자 하는 변수의 사칙연산 작업이 가능하다. 분석하고자 하는 척도의 각 문항들의 총 합계, 평균, 상호작용항 등을 만들 수 있다. 예를 들어, a1~a11까지 총 11개 변수의 더해 총점 변수를 생성할 수 있다.

절차 [변환] → [변수 계산]

예시 ① [대상 변수]에 변수 이름('a총점')을 설정한다.

② [숫자표현식]에 'a1 + a2 + a3 + a4 + a5 + a6 + 7 + a8 + a9 + a10 + a11' 입력 후 [확인]

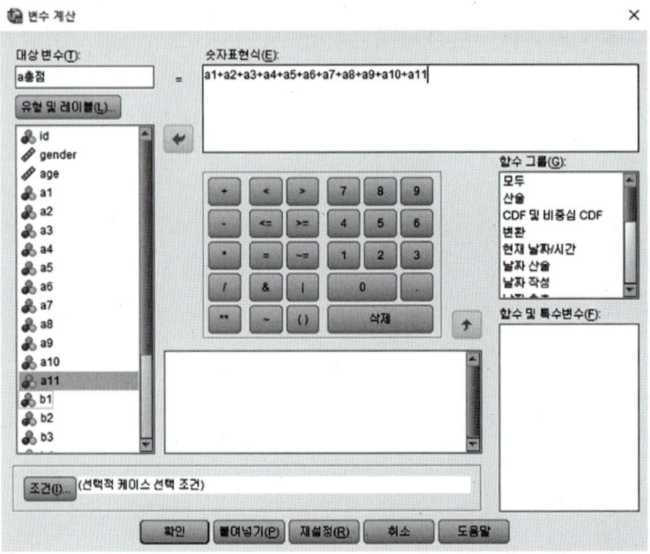

(2) 케이스 선택

의미 케이스 선택은 특정 집단(혹은 조건)을 선택해 그 집단(혹은 조건)에 따른 분석을 실시할 수 있다. 예를 들어, 20살 이상 되는 케이스만을 선택해 분석이 가능하다.

절차 [데이터] → [케이스 선택] 혹은 아이콘(▦)

예시 ① (선택) [조건을 만족하는 케이스] → [조건] 선택

(결과) [선택하지 않은 케이스 필터] 선택

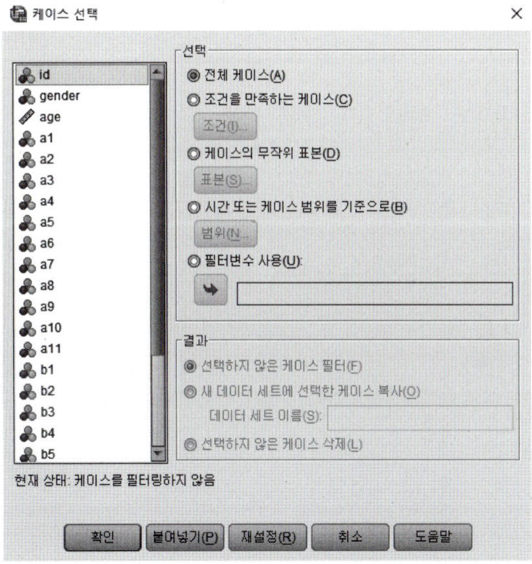

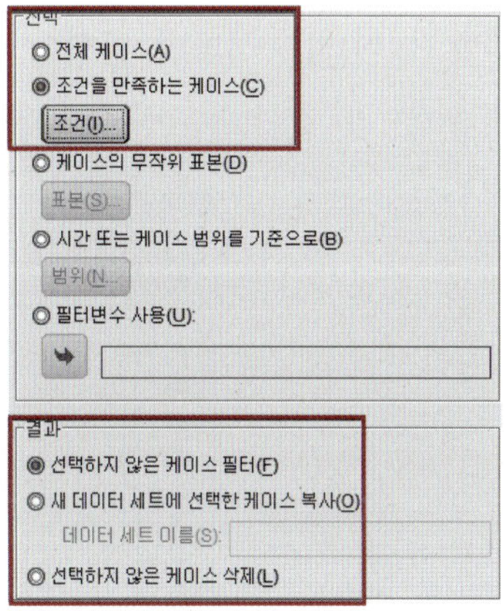

② 20살 이상 되는 케이스를 선택하기 위해 'age>=20'입력

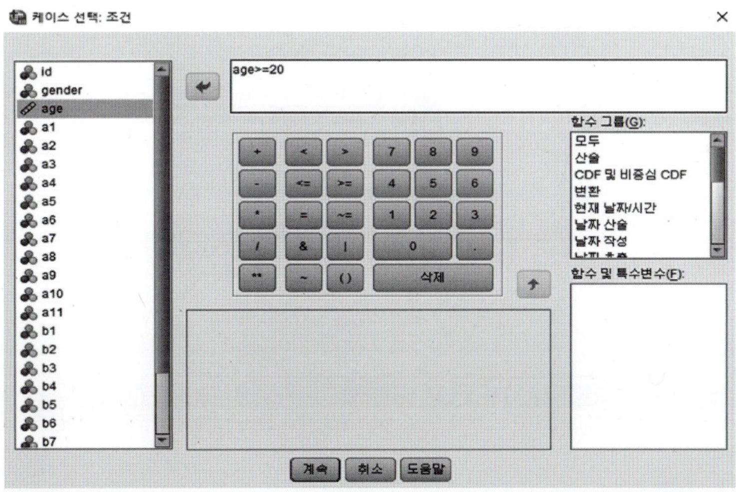

(3) 파일 분할

의미 파일 분할은 각 집단(그룹)별로 구분해 분석결과를 확인할 수 있다. 예를 들어, 성별의 경우 남성 집단과 여성 집단으로 구분하여 결과의 비교분석이

가능하다.

절차 [데이터] → [파일 분할]

예시 ① 각 집단(그룹)별 결과를 분석하기 위해 [각 그룹별로 결과를 나타냄] 선택

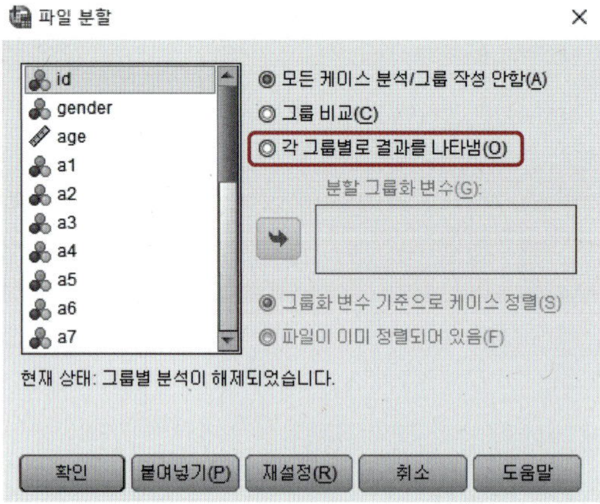

② 분할할 그룹을 선택하기 위해 [분할 그룹화 변수]에서 'gender'선택

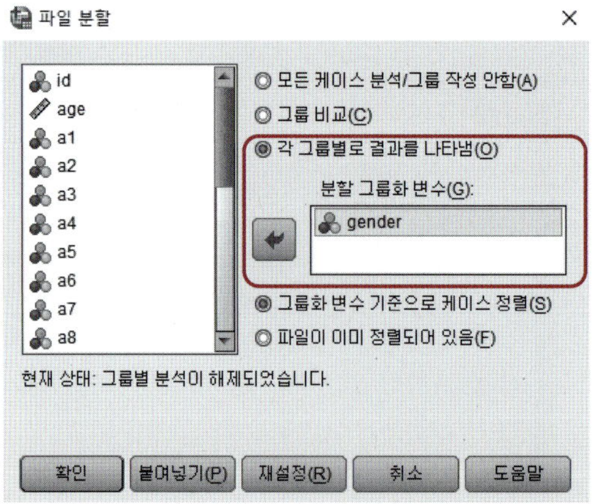

(4) 케이스 정렬

의미 케이스 정렬은 변수의 값을 오름차순이나 내림차순으로 정렬할 수 있다. 예를 들어 케이스의 번호(id)를 오름차순으로 정렬하면 케이스 1번, 2번, 3번 … 100번 순으로 정렬되고, 내림차순으로 하면, 100번, 99번, 98번 … 1번 순으로 정

렬된다.

절차 [데이터] → [케이스 정렬]

예시 [정렬기준]에 정렬할 변수(id)를 선택 후 [확인]

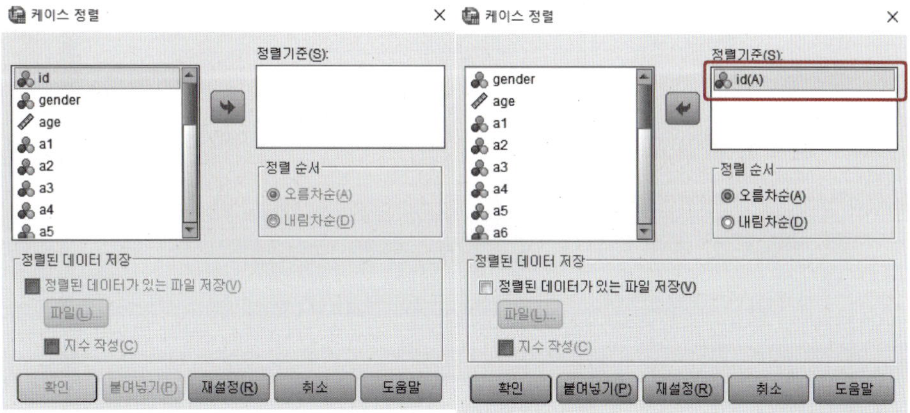

(5) 파일 합치기

① 케이스 추가

의미 케이스 추가는 1번 파일과 2번 파일이 동일한 변수로 구성되어 있으나, 각 파일의 케이스번호가 다를 경우 하나의 SPSS 파일로 합치기 위해 사용하는 기능이다. 예를 들면, 1번 파일과 2번 파일 각각에 a1~a2 변수가 동일하게 입력되어 있지만, 1번 파일에 케이스가 1~5번까지 있고, 2번 파일에 케이스가 6~10번까지 있을 때, 하나의 SPSS 파일로 합치기 위해 케이스 추가를 사용한다.

※ 단, A파일과 B파일의 변수는 동일해야 한다.

절차 [데이터] → [파일 합치기] → [케이스 추가]

예시 ① 케이스 추가하고자 하는 1번 파일과 2번 파일이 동일한 변수들로 구성되어 있는지 먼저 확인한다.

㉠ 1번 파일 확인

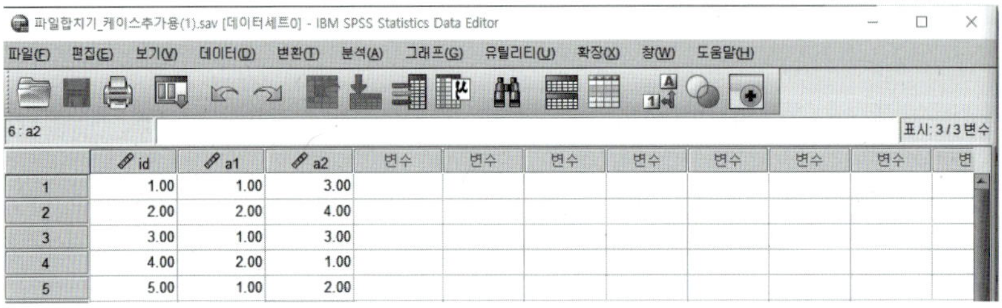

ⓛ 2번 파일 확인

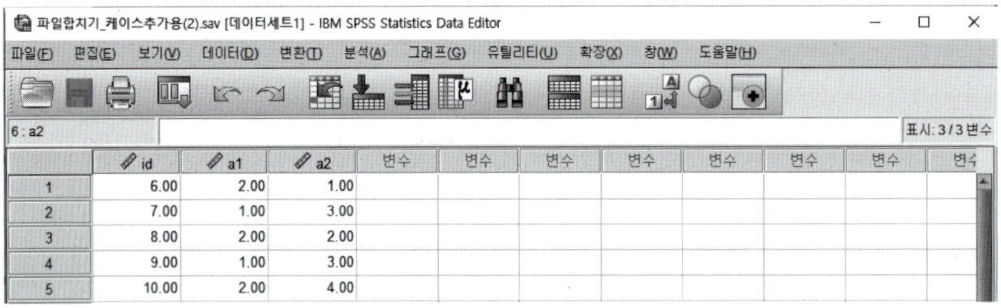

② 1번 파일을 기준으로 2번 파일을 추가한다고 했을 때, [데이터] → [파일 합치기] → [케이스 추가]를 클릭한다.

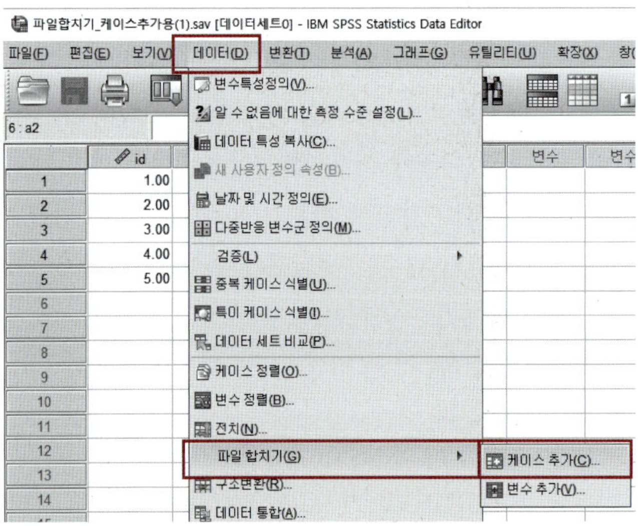

③ 케이스 추가 파일 합치기 창이 실행된다. 해당 창에서는 이미 2번 파일이 활성화되어 있기에 [열려 있는 데이터 세트]에 표시되고, 이후 [계속]을 선택하면 된다. 만약 2번 파일이 활성화되어 있지 않다면 외부 SPSS Statistics 데이터 파일에서 찾아보기를 클릭해 2번 파일을 찾은 후 [계속]을 선택하면 된다.

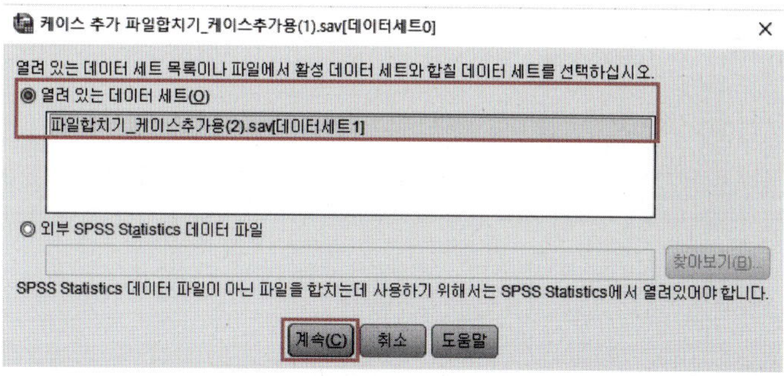

④ [다음에서 케이스 추가]가 실행되었다. 케이스 추가이기에 먼저 확인할 것은 [대응하지 않은 변수] 박스에 변수 목록이 있으면 안 된다. 만약, 대응되지 않은 변수가 있다면, 다시 데이터 확인을 해야 한다. 그리고 [새 활성 데이터 세트에 포함될 변수]에 목록이 그대로 있어야 한다. 그대로 [확인]을 클릭한다.

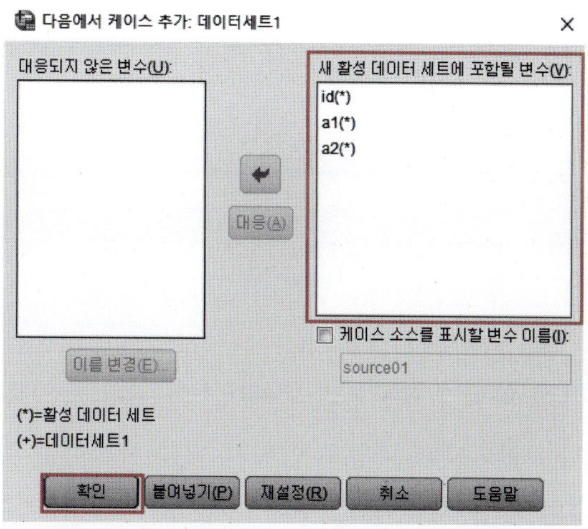

⑤ 이러한 과정을 통해 1번 파일과 2번 파일이 10개 케이스로 합쳐진 것을 확인할 수 있다.

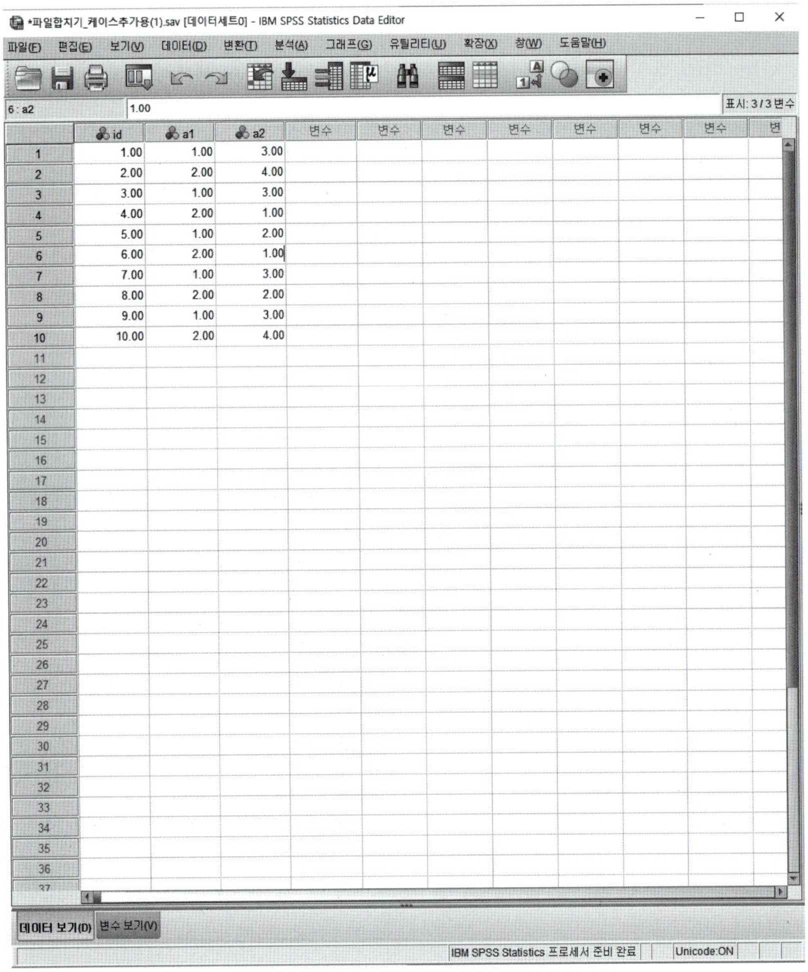

② 변수 추가

의미 변수 추가는 1번 파일과 2번 파일의 케이스가 각각 동일하나, 각 파일의 변수가 다를 경우 하나의 SPSS 파일로 합치기 위해 사용하는 기능이다. 예를 들면, 1번 파일과 2번 파일 각각에 1번부터 10번까지 케이스가 동일하게 설정되어 있지만, A파일의 변수는 a1~a2이 입력되어 있고, B파일의 변수는 a3까지 입력되어 있는 것을 하나의 SPSS 파일에 합치기 위해 변수 추가를 사용한다. 단 이때, 1번 파일과 2번 파일의 id가 동일한 순서(1, 2, 3 순서)로 되어 있어야 데이터에 문제가 없다. 사전에 문제를 방지하기 위해 앞서 소개한 케이스 정렬을 해주어야 한다.

절차 [데이터] → [파일 합치기] → [변수 추가]

예시 ① 변수 추가하고자 하는 1번 파일과 2번 파일이 동일한 id로 구성되어 있는지 먼저 확인한다. 그리고 id를 기준으로 오름차순이 되어 있는지 확인해야 한다.

㉠ 1번 파일 확인

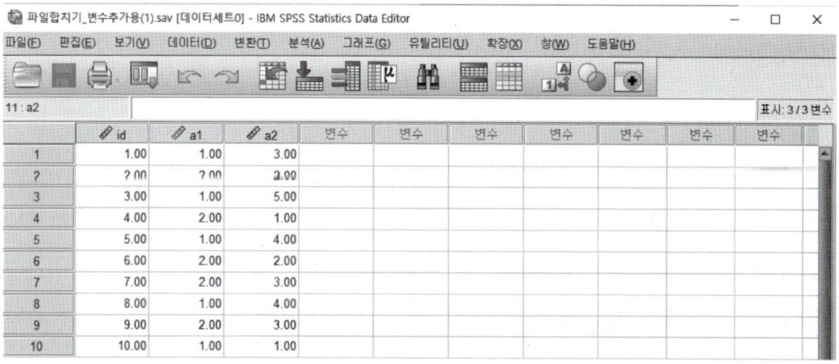

	id	a1	a2
1	1.00	1.00	3.00
2	2.00	2.00	3.00
3	3.00	1.00	5.00
4	4.00	2.00	1.00
5	5.00	1.00	4.00
6	6.00	2.00	2.00
7	7.00	2.00	3.00
8	8.00	1.00	4.00
9	9.00	2.00	3.00
10	10.00	1.00	1.00

㉡ 2번 파일 확인

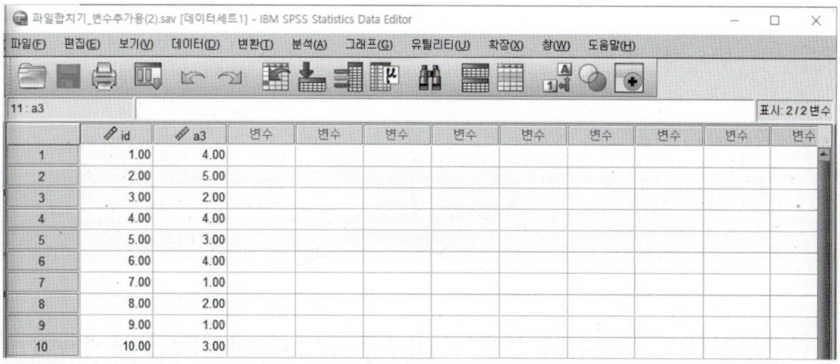

	id	a3
1	1.00	4.00
2	2.00	5.00
3	3.00	2.00
4	4.00	4.00
5	5.00	3.00
6	6.00	4.00
7	7.00	1.00
8	8.00	2.00
9	9.00	1.00
10	10.00	3.00

② 1번 파일을 기준으로 2번 파일을 추가한다고 했을 때, [데이터] → [파일 합치기] → [변수 추가]를 클릭한다.

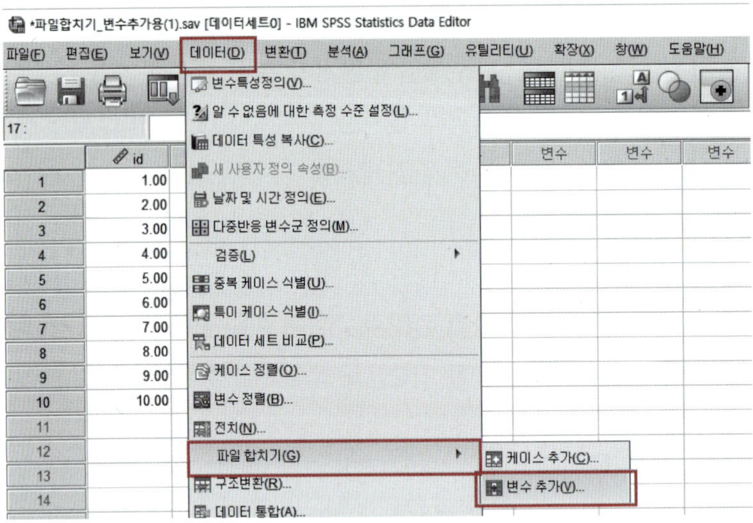

③ 변수 추가 파일 합치기 창이 실행된다. 해당 창에서는 2번 파일이 비활성화되어 있기에 [찾아보기]를 클릭해 2번 파일을 찾은 후 [계속]을 선택하면 된다.

㉠ [외부 SPSS Statistics 데이터 파일] → [찾아보기]

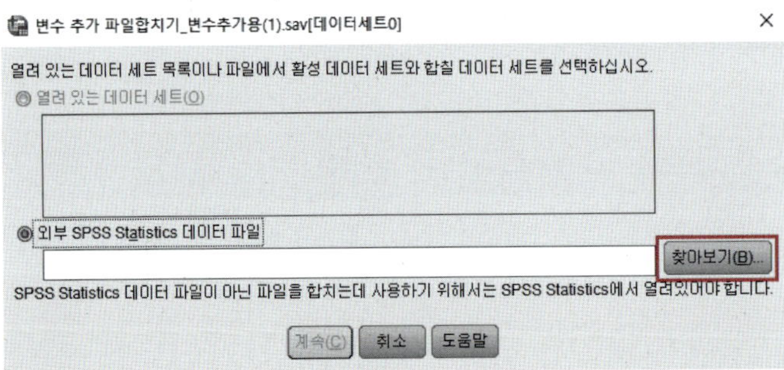

㉡ [변수 추가: 파일 읽기]에서 변수를 추가할 데이터 찾아 선택한 후 [열기] 선택

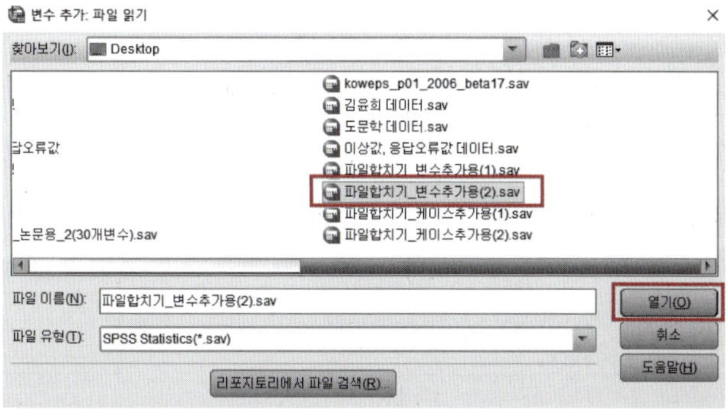

ⓒ [외부 SPSS Statistics 데이터 파일]에 변수를 추가할 선택한 파일이 정확하게 선택되었는지 확인 후 [계속] 선택

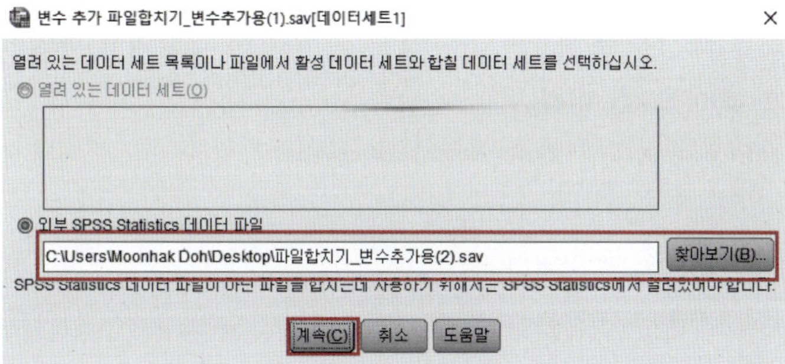

④ 다음에서 [변수 추가 위치]가 실행되었다. 변수 추가 위치는 [합치기 방법]과 [변수] 탭 2가지가 있다. 먼저, [합치기 방법] 탭은 [키 값을 기반으로 하는 일대일 합치기]를 클릭하면 된다. 아래 [기준변수] 창에는 id가 포함되어 있다. 다음으로, [변수] 탭에서 [기준변수]가 id, [포함된 변수]가 a1, a2(1번 파일), a3(2번 파일)이 모두 합쳐진 것을 확인한 후 가장 아래쪽에 [확인]을 클릭해 활성화한다.

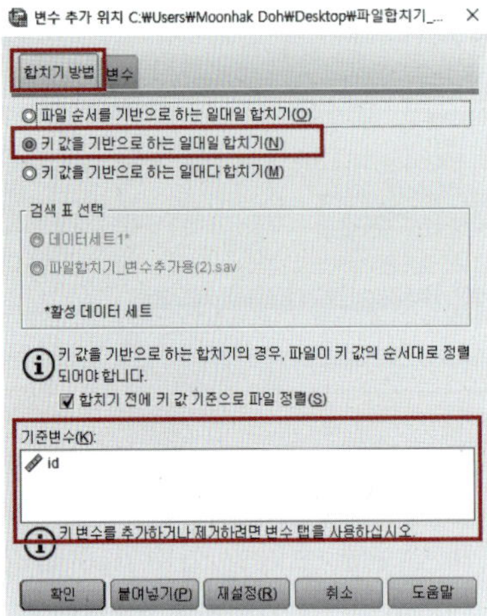

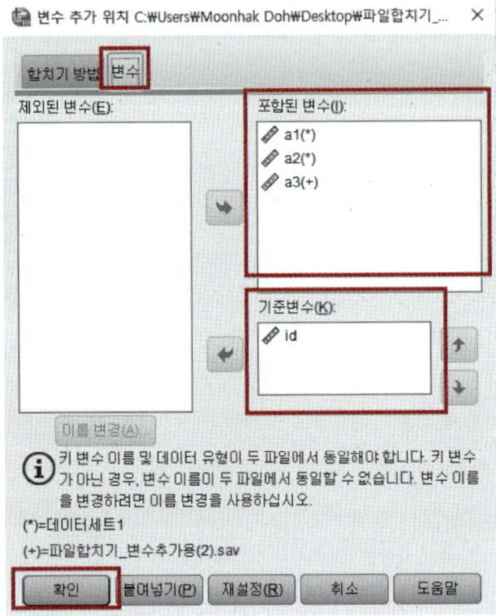

⑤ 이러한 과정을 통해 1번 파일의 a1, a2와 2번 파일의 a3파일이 합쳐져 있는 것을 확인할 수 있다.

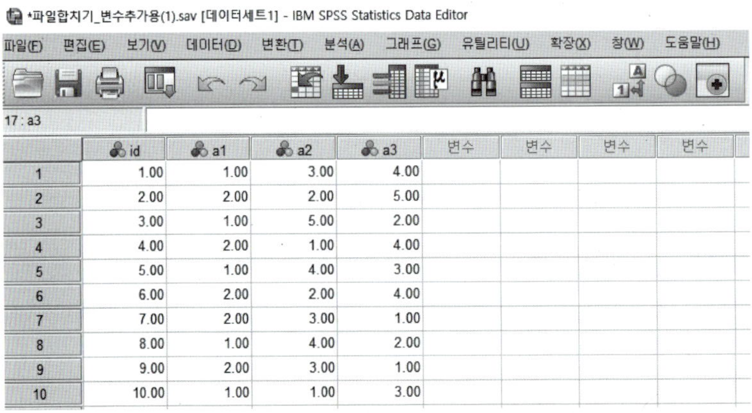

	id	a1	a2	a3	변수	변수	변수	변수
1	1.00	1.00	3.00	4.00				
2	2.00	2.00	2.00	5.00				
3	3.00	1.00	5.00	2.00				
4	4.00	2.00	1.00	4.00				
5	5.00	1.00	4.00	3.00				
6	6.00	2.00	2.00	4.00				
7	7.00	2.00	3.00	1.00				
8	8.00	1.00	4.00	2.00				
9	9.00	2.00	3.00	1.00				
10	10.00	1.00	1.00	3.00				

3. SPSS 데이터 구축절차

1) 설문지 응답한 내용을 엑셀에 입력하기(코딩)

응답자가 응답한 설문지를 SPSS 프로그램을 통해 분석하기 위해서는 이를 컴퓨터용 언어로 변환하는 것이 필요하다. 설문 응답 내용을 부호화하기 위한 작업을 코딩(coding)이라고 하며 코딩하는 작업은 다음과 같다.

(1) 설문지 확인

A1. 귀하의 연령대는 무엇입니까?		
① 20대 이하	② 30대 ✔	③ 40대
④ 50대	⑤ 60대 이상	
A2. 현재 귀하는 종교를 가지고 있습니까?		
① 있음	② 없음 ✔	
A3. 현재 귀하의 건강상태는 어떠한가요?		
① 건강이 아주 안좋다	② 건강하지 않은 편이다	③ 보통이다 ✔
④ 건강한 편이다	⑤ 아주 건강하다	

⋮

(2) 코딩(coding)하기

한 응답자가 위의 설문지에 A1문항에 ❷번, A2 문항에 ❷번, A3문항에 ❸번을 선택하였다. 각 문항에 응답한 번호를 엑셀 파일에 코딩(coding)한다. 코딩 방법은 다음과 같다.

1 1행에는 '변수명'을 입력한다. 설문지의 A1문항, A2문항, A3문항이 곧 '변수명'이 된다.

2 2행부터는 설문지에 응답한 값을 입력한다. 설문지의 A1문항에 ❷번을 선택했으므로 숫자 '2'를 입력, A2문항에 ❷번을 선택했으므로 숫자 '2'를 입력하고, A3문항에 ❸번을 선택했으므로 숫자 '3'을 입력한다.

3 응답자가 응답한 설문 내용을 모두 코딩한 후 엑셀파일을 .xls 또는 .xlsx 유형으로 저장한다.

Information

'id' 변수 설정 이유 응답자가 응답한 설문지를 취합할 때 조사자는 설문지에 번호(numbering)를 붙이게 된다. 번호를 붙이는 이유는 몇 명의 응답자가 설문에 응답하였는지를 확인함과 동시에, 코딩(coding)할 때 응답값과의 매칭을 위해서이다. 예를 들어, 엑셀 그림의 id는 총 1~5로 되어 있어 총 5명이 설문에 응답하였고, 총 5케이스의 응답값이 입력되어 있다.

엑셀파일로 코딩하는 이유 코딩은 엑셀뿐만 아니라 텍스트파일, SPSS 데이터 입력화면 등에서도 할 수 있다. 본 저서에서는 엑셀파일에 코딩하는 방법을 선택하였는데, 엑셀로 입력하는 것이 속도도 더 빠르고 다양한 파일 형태에서 입력이 가능하다는 것을 보여주고자 하는 것이다. 코딩은 조사자가 익숙하고 편한 방식으로 하면 된다.

2) 데이터 열기

앞서 코딩(coding)한 엑셀파일을 분석하기 위해서는 SPSS 프로그램에 열어야 한다. 엑셀파일을 SPSS 프로그램에 불러와 여는 과정은 다음과 같다.

1 SPSS 프로그램 실행 후 ❶ [파일] → ❷ [열기] → ❸ [데이터] 혹은 아이콘( )을 선택한다.

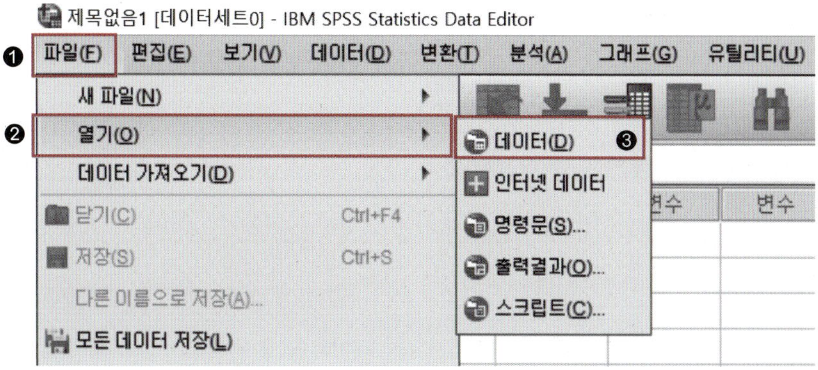

2 [데이터 열기] 창이 열리면 ❹ 파일유형에 ❺ Excel(.xls, .xlsx, .xlsm)을 선택하고, ❻ 데이터를 입력한 엑셀파일을 선택 후 ❼ [열기]를 선택한다.

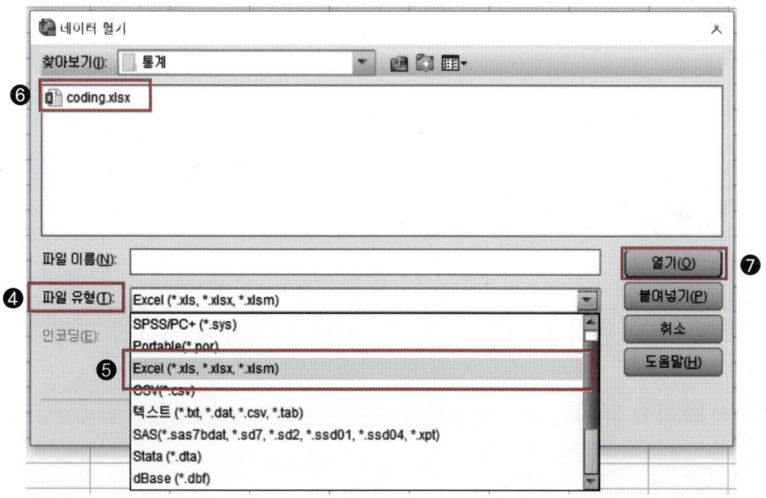

3) 엑셀데이터 소스 열기

데이터 열기를 끝내면 [Excel 파일 읽기] 창이 실행된다. 여기서 ❶ [데이터 첫 행에서 변수 이름 읽어오기]를 선택한 다음 ❷ [확인]을 선택한다.

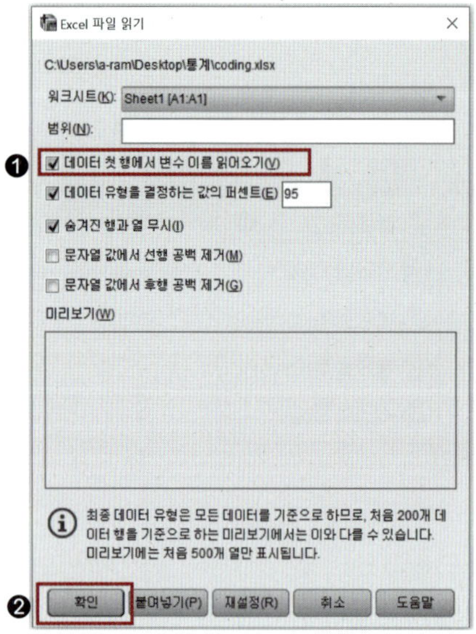

Tip

데이터 첫 행에서 변수 이름 읽어오기

'데이터 첫 행'은 엑셀파일의 1행에 입력한 변수명을 의미한다. 1행을 SPSS 프로그램에서 '변수'로 인식하기 위해 선택한다.

4) 엑셀에서 불러온 데이터 확인

엑셀데이터 소스를 열면 다음과 같은 화면을 확인할 수 있다. [데이터 첫 행에서 변수이름 읽어오기]를 선택하였기 때문에 엑셀의 1행에 입력된 변수명이 SPSS 프로그램의 변수로 입력되고, 각 변수의 응답값이 데이터로 입력된 것을 확인할 수 있다. 최종 [열기]한 SPSS 프로그램의 코딩은 엑셀에 코딩한 내용과 동일하게 되었다.

1 데이터 보기 ❙ SPSS 프로그램 하단의 데이터 보기(D) 화면은 변수명과 입력된 코딩값을 확인할 수 있다.

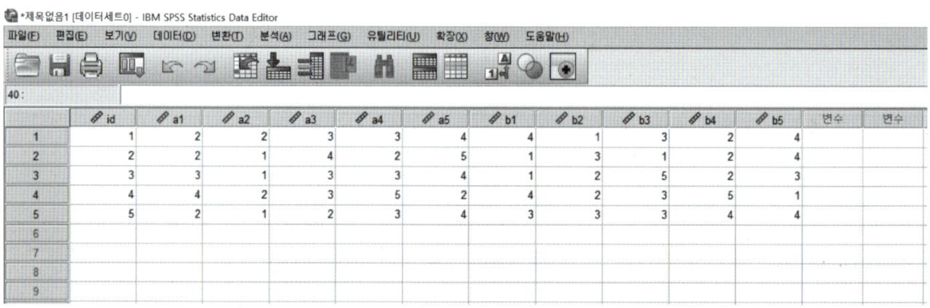

	id	a1	a2	a3	a4	a5	b1	b2	b3	b4	b5	변수	변수
1	1	2	2	3	3	4	4	1	3	2	4		
2	2	2	1	4	2	5	1	3	1	2	4		
3	3	3	1	3	3	4	1	2	5	2	3		
4	4	4	2	3	5	2	4	2	3	5	1		
5	5	2	1	2	3	4	3	3	3	4	4		
6													
7													
8													
9													

2 변수 보기 | SPSS 프로그램 하단의 변수 보기(V) 화면은 변수의 이름, 유형을 확인할 수 있고, 레이블, 값, 측도 등을 입력할 수 있다.

	이름	유형	너비	소수점이...	레이블	값	결측값	열	맞춤	측도	역할
1	id	숫자	8	0		없음	없음	8	오른쪽	알 수 없음	입력
2	a1	숫자	8	0		없음	없음	8	오른쪽	알 수 없음	입력
3	a2	숫자	8	0		없음	없음	8	오른쪽	알 수 없음	입력
4	a3	숫자	8	0		없음	없음	8	오른쪽	알 수 없음	입력
5	a4	숫자	8	0		없음	없음	8	오른쪽	알 수 없음	입력
6	a5	숫자	8	0		없음	없음	8	오른쪽	알 수 없음	입력
7	b1	숫자	8	0		없음	없음	8	오른쪽	알 수 없음	입력
8	b2	숫자	8	0		없음	없음	8	오른쪽	알 수 없음	입력
9	b3	숫자	8	0		없음	없음	8	오른쪽	알 수 없음	입력
10	b4	숫자	8	0		없음	없음	8	오른쪽	알 수 없음	입력
11	b5	숫자	8	0		없음	없음	8	오른쪽	알 수 없음	입력

4. SPSS 데이터 핸들링

통계 분석 전 데이터의 정리는 꼭 필요한 과정이고, 이러한 정리 과정은 데이터의 전처리(Data preprocessing) 혹은 데이터 클리닝(Data Cleaning), 데이터 핸들링(Data handling)이라고 한다. 데이터 핸들링은 가장 중요한 기본기 중 하나이며, 주어진 데이터를 올바르게 분석하기 위한 단계로 생각하면 된다. 데이터 핸들링의 방법은 수없이 많지만 본 저서에서의 데이터 핸들링은 변수의 값을 입력하는 방법과 이상값(outlier), 응답 오류값 확인, 결측치 처리, 역점수 처리하는 방법 등을 간략하게 소개하고자 한다.

1) 변수 정리

데이터를 불러오면 가장 먼저 진행해야 할 것은 변수를 정리하는 것이다. 변수의 정리는 변수 보기(V) 화면을 통해 입력할 수 있으며, 변수 이름, 유형 설정, 변수 설명(레이블), 변수값, 결측치, 측도 등의 입력 방법은 다음과 같다.

1 이름 | [이름]은 변수명을 입력한다. 엑셀에 데이터 코딩 시 입력한 변수명이 여기에 입력된다.

2 유형 | [유형]은 변수의 유형을 입력하는 것으로 숫자, 문자, 날짜 등으로 정의할 수 있다. 우리가 입력한 데이터는 모두 '숫자'로 되어 있기 때문에 자동으로 숫자 유형이 선택되었다.

3 레이블 | [레이블]은 변수의 설명을 입력할 수 있다. 예를 들어, 'a1' 변수가 무엇을 의미하는지 알 수 없기 때문에 레이블에 설명을 입력한다. 이때 레이블은 통계 분석에 아무런 영향을 미치지 않는다.

4 값 | [값]은 변수의 값을 입력할 수 있다. 예를 들어, 'a1(연령)' 변수의 값은 '① 20대 이하, ② 30대, ③ 40대, ④ 50대, ⑤ 60대 이상'으로 [값]에 해당 변수값을 입력하면 된다. 이 값을 입력하게 되면 추후 분석 창의 표에서 변수의 값을 일일이 매칭하여 확인하지 않아도 바로 변수값을 볼 수 있는 편리함이 있다.

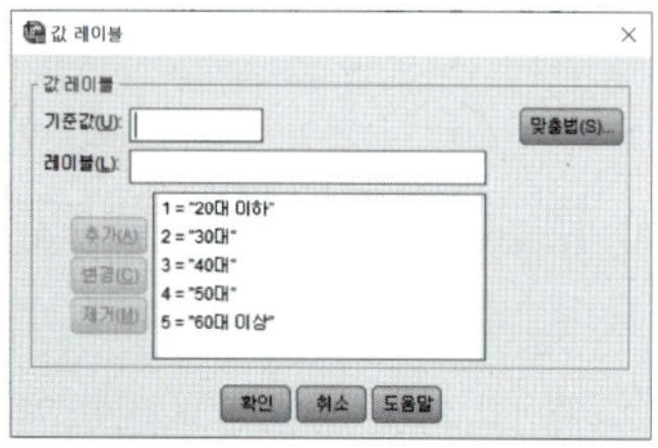

5 결측값 | 응답자의 설문지를 코딩하다 보면 응답하지 않은 문항도 있는데, 응답하지 않은 자료들은 분석 결과를 왜곡시킬 수 있다. 따라서 코딩을 '999'로 입력하고 이를 결측값으로 정의해둔다. 데이터에서 결측값이 있을 경우 [결측값]에 '999'를 입력하게 되면 데이터 분석 시 결측값을 제외한 분석이 실행되게 된다.

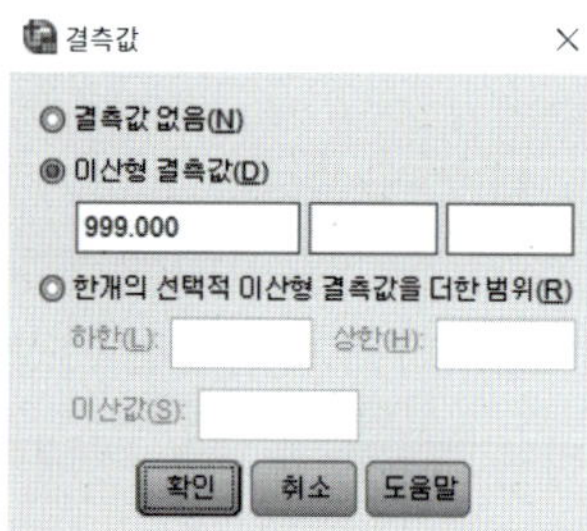

6 측도 | [측도]는 데이터 변수의 척도를 지정할 때 사용한다. '명목형'은 명목척도일 경우 선택하고, '순서형'은 서열척도, '척도'는 등간척도와 비율척도일 경우 선택할 수 있다.

2) 빈도분석을 통한 이상값(outlier) 및 응답 오류값 확인

데이터의 변수와 케이스가 많을 경우 일일이 이상값(혹은 이상치)을 찾아내는 과정은 매우 어렵다. 이때 이상값(outlier)이라 하는 것은 어떤 변수의 범위를 크게 벗어나는 값이 될 수 있다. 예를 들어, ① 일반 중산층 100명을 대상으로 한 소득 관련 연구에서 99명의 월 평균 소득이 300만원인데, 대기업 회장 1명의 월 평균 소득이 2억일 경우로 생각해보자. 대기업 회장 1명의 월 평균 소득을 포함한 채로 전체 100명의 월평균 소득을 계산할 경우 개인당 월 평균 소득이 300만원에서 약 497만원으로 상승하게 된다. 이때, 대기업 회장 1명의 월 평균 소득 2억은 이상값이 될 수 있기에 케이스 삭제를 하는 것을 고려해야 한다. 그렇다고 무조건적으로 크다고 해서 바로 삭제하는 것보다 고민과 논의 후에 삭제하는 것을 제안한다. 또한, 응답 오류값의 경우는 다음과 같다. 어떤 척도가 5점 Likert척도인데, 6점이 기입되어 있거나 혹은 3 대신 33이 기입되어 있는 경우 응답 오류값으로 볼 수 있다.

이상값이나 응답 오류값의 경우 케이스나 변수가 많아지면 일일이 모두 눈으로 확인하는 작업은 시간 등의 문제로 불가능하다. 빈도분석을 활용해 이상치인지 응답 오류값인지 확인하고 범위를 벗어났는지 확인하는 과정이 필요하다. 이를 확인하기 위해 [이상값, 응답오류값 데이터]를 활용해야 한다. 이상값과 응답오류값을 확인하는 순서는 다음과 같다.

1 데이터 입력화면 창에서 데이터를 불러온 후 ❶ [분석(A)] → ❷ [기술통계량(E)] → ❸ [빈도분석(F)]을 클릭한다.

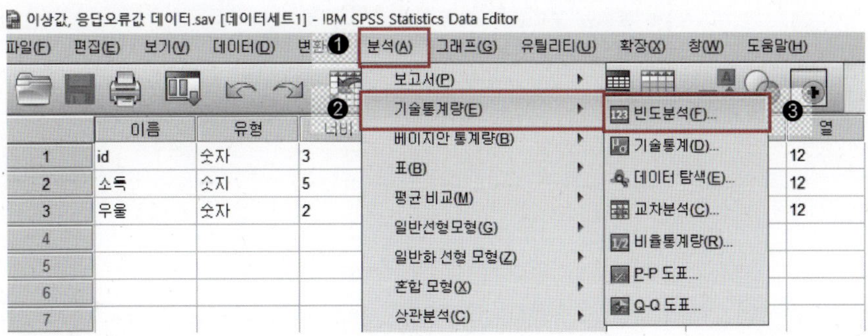

2 빈도분석 창에서 이상값과 응답값을 확인하기 위해 ❶ [변수]에 '소득'과 '우울'을 이동한 후 ❷ [통계량] 창에서 필요한 정보를 체크한 후 ❸ [확인]을 선택한다.

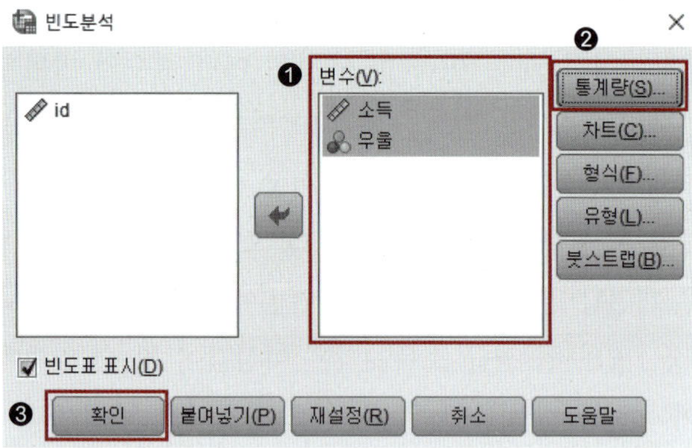

3 [통계량] 창이 실행되면, ❹ [중심경향]의 평균(M), ❺ [산포도]의 최소값(I)과 최대값(X)을 체크한 후 ❻ [계속]을 선택한다.

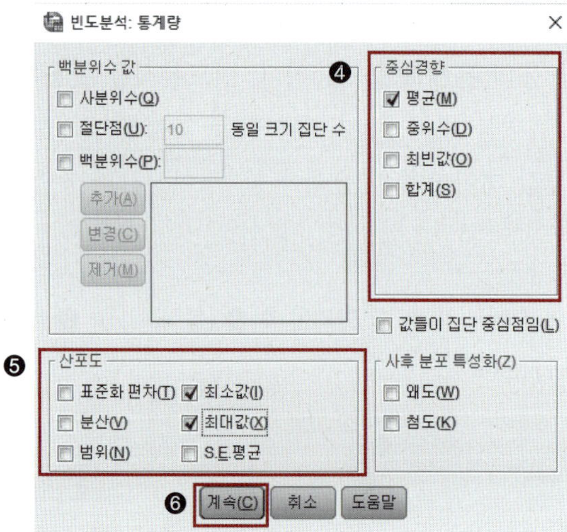

4 초기 빈도분석 창의 [통계량]에서 필요한 정보를 모두 선택한 후 마지막으로 [확인]을 선택하면 결과표를 제시한 출력 창이 활성화된다.

빈도

통계량

		소득	우울
N	유효	100	100
	결측	0	0
평균		497.00	3.80
최소값		295	1
최대값		20000	44

빈도표

소득

		빈도	퍼센트	유효 퍼센트	누적 퍼센트
유효	295	33	33.0	33.0	33.0
	300	33	33.0	33.0	66.0
	305	33	33.0	33.0	99.0
	20000	1	1.0	1.0	100.0
	전체	100	100.0	100.0	

우울

		빈도	퍼센트	유효 퍼센트	누적 퍼센트
유효	1	19	19.0	19.0	19.0
	2	20	20.0	20.0	39.0
	3	19	19.0	19.0	58.0
	4	19	19.0	19.0	77.0
	5	20	20.0	20.0	97.0
	11	1	1.0	1.0	98.0
	33	1	1.0	1.0	99.0
	44	1	1.0	1.0	100.0
	전체	100	100.0	100.0	

확인결과 앞서 이상값 및 응답 오류값을 확인하기 위한 출력창의 결과는 다음의 내용을 참고하면 된다.

먼저, **소득**에 대한 빈도분석 결과 295만원 33명, 300만원 33명, 305만원이 33명, 2억이 1명, 평균은 497만원으로 나타났다. 2억으로 나타난 1케이스를 삭제할 경우 평균은 300만원으로 낮아지게 된다. 다음으로, **우울**의 경우 5점 likert척도인데 11, 33, 44로 응답된 경우가 3케이스가 있다. 소득의 이상값과 우울의 응답 오류값을 가지는 id가 무엇인지 spss 데이터에서 확인할 수 있다. 단, 반드시 케이스마다의 id와 설문지상의 id가 반드시 동일해야 한다.

3) 결측치(missing value) 처리

연구자는 응답자가 설문지상에서 응답하지 않은 부분을 어떻게 해결할 것인지를 고민해야 한다. 그에 대한 처리방법을 5가지 제시하였다. 이 중 첫째부터 셋째까지는 SPSS프로그램을 사용하지 않는 처리 방법이며, 넷째부터 다섯째까지는 SPSS프로그램을 사용해 처리하는 방법이다.

첫째 결측치도 응답자의 응답이 될 수 있기에 그대로 두는 방법이 있는데, 이것 역시 연구자가 잘 판단하는 것이 필요하다.

둘째 결측치가 있는 케이스의 ID와 설문지 ID를 매치해 해당 설문지를 찾아 확인 후 원래 응답치를 찾아내는 과정이 있다.

셋째 결측치가 있는 설문지에서 응답자의 연락처가 있을 경우 연락해 결측치가 있는 문항에 대한 의사를 재확인해 결측치를 해결하는 방법이 있다.

넷째 응답자의 응답패턴 혹은 해당 문항의 평균치를 참고해서 결측치를 처리하는 방법이 있다. 예를 들어, 10개 문항에서 8~9개 문항을 모두 2로 응답했을 경우, 응답하지 않은 1~2개 문항은 응답 패턴 또는 해당 문항의 평균치에 따라 2 혹은 평균값으로 대체 응답하는 것이 될 수 있다.

다섯째 10문항 중 8개 문항 미만(80% 미만)으로 응답했을 경우 과감히 해당 케이스를 삭제하는 방법이나 설문지에서 한 척도의 전체 문항이 무응답일 경우 해당 케이스를 과감히 삭제하는 방법이 될 수 있으나, 다른 변수의 중요성 등을 고려하여 신중하게 삭제하는 것을 제안한다. 이를 확인하기 위해 [결측치 데이터]를 활용해야 한다.

본 분석에서는 'b1'~'b10' 변수의 결측값을 확인하기 위한 순서는 다음과 같다.

1 결측값 분석을 위해 ❶ [분석(A)] → ❷ [결측값 분석(Y)]을 선택한다.

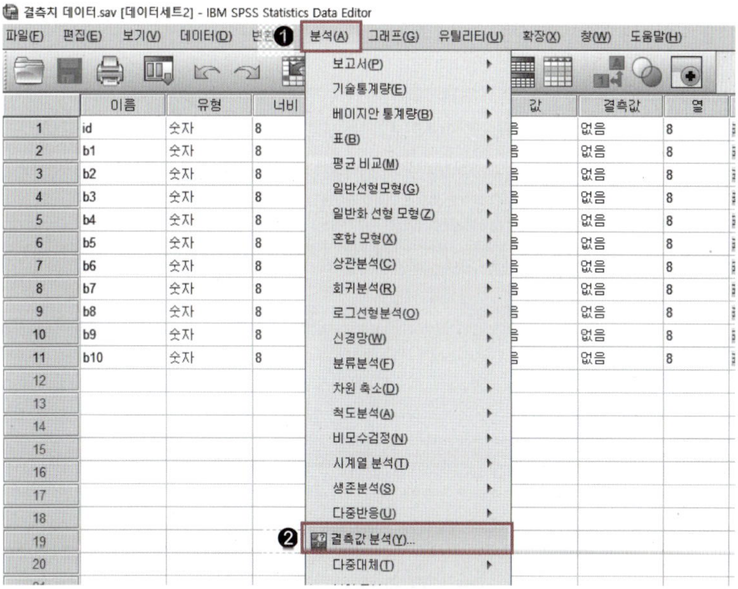

2 결측값 분석을 위해 필요한 변수인 'b1'~'b10'을 선택하여 ❶ [양적 변수]에 투입한 후 ❷ [패턴]을 클릭해 필요한 정보를 선택하고 마지막으로 ❸ [확인]을 선택한다.

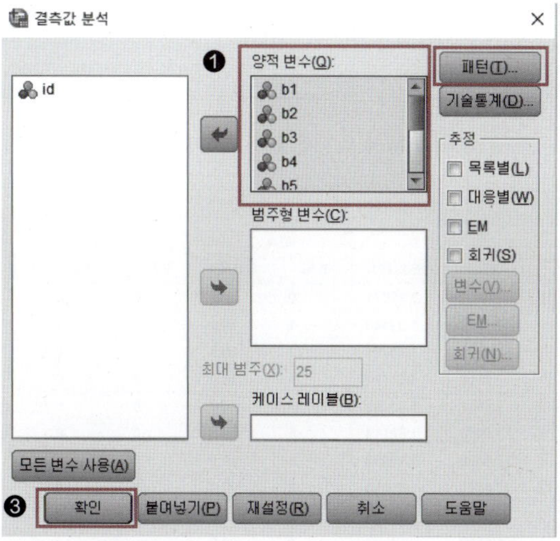

3 패턴 창이 실행되면 ❹ [표시]의 [결측값이 있는 케이스, 결측값 패턴에 따라 정렬된 케이스]를 선택하고, [결측값 패턴에 따라 변수들 정렬]을 선택한 후, ❺ [계속]을 선택한다.

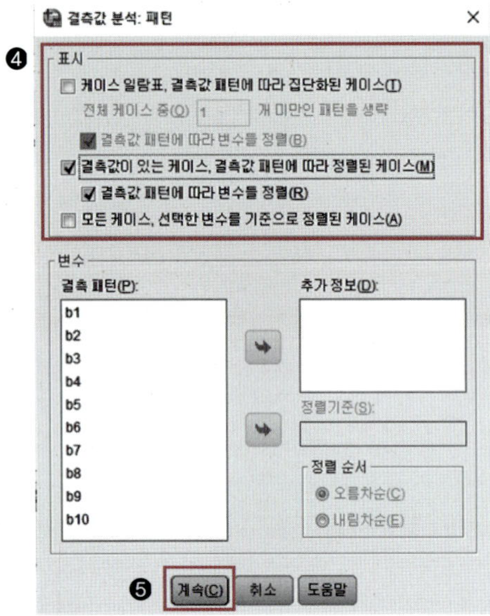

4 초기 결측값 창의 [패턴]에서 필요한 정보를 모두 선택한 후 [확인]을 선택하면 결측값의 결과표를 제시한 출력 창이 활성화된다.

결측값 분석

[데이터세트0] C:₩Users₩Moonhak Doh₩Desktop₩캡처추가₩결측치 처리₩20210706_결측치 데이터.sav

일변량 통계량

	N	평균	표준화 편차	결측		극단값의 수[a]	
				빈도	퍼센트	하한	상한
b1	10	3.0000	1.49071	0	.0	0	0
b2	9	2.7778	1.39443	1	10.0	0	0
b3	8	2.6250	1.40789	2	20.0	0	0
b4	7	2.5714	1.51186	3	30.0	0	0
b5	6	2.6667	1.63299	4	40.0	0	0
b6	5	3.0000	1.58114	5	50.0	0	0
b7	4	2.5000	1.29099	6	60.0	0	0
b8	3	2.0000	1.00000	7	70.0	0	0
b9	2	1.5000	.70711	8	80.0	0	0
b10	1	1.0000	.	9	90.0	.	.

a. 범위 (Q1 - 1.5*IQR, Q3 + 1.5*IQR) 밖의 케이스의 수.

결측값 패턴 (결측값이 있는 케이스)

케이스	# 결측값	% 결측값	b1	b2	b3	b4	b5	b6	b7	b8	b9	b10
			결측값 및 극단값 패턴[a]									
2	1	10.0										S
3	2	20.0									S	S
4	3	30.0								S	S	S
5	4	40.0							S	S	S	S
6	5	50.0						S	S	S	S	S
7	6	60.0					S	S	S	S	S	S
8	7	70.0				S	S	S	S	S	S	S
9	8	80.0			S	S	S	S	S	S	S	S
10	9	90.0		S	S	S	S	S	S	S	S	S

+는 극대값을 나타내고 -는 극소값을 나타냅니다. 사용되는 범위는 (Q1 - 1.5*IQR, Q3 + 1.5*IQR)입니다.

a. 케이스와 변수는 결측값 패턴에 따라 정렬됩니다.

확인결과 앞서 결측값을 확인하기 위한 출력창의 결과는 다음의 내용을 참고하면 된다.

일변량 통계량 [일변량 통계량]은 b1부터 b10까지의 전체 케이스(N), 평균, 표준화 편차(표준편차), 결측치 빈도, 결측치 퍼센트, 극단값의 수(하한과 상한) 순서대로 제시되었다. 이때, 각 변수 간의 결측값 빈도를 위주로 살펴보면 된다. b1의 경우 결측값(0%)이 없고, b2는 10.0%의 결측값, b10의 90.0%의 결측값을 나타냈다.

일변량 통계량

	N	평균	표준화 편차	결측 빈도	결측 퍼센트	극단값의 수[a] 하한	극단값의 수[a] 상한
b1	10	3.0000	1.49071	0	.0	0	0
b2	9	2.7778	1.39443	1	10.0	0	0
b3	8	2.6250	1.40789	2	20.0	0	0
b4	7	2.5714	1.51186	3	30.0	0	0
b5	6	2.6667	1.63299	4	40.0	0	0
b6	5	3.0000	1.58114	5	50.0	0	0
b7	4	2.5000	1.29099	6	60.0	0	0
b8	3	2.0000	1.00000	7	70.0	0	0
b9	2	1.5000	.70711	8	80.0	0	0
b10	1	1.0000	.	9	90.0	.	.

a. 범위 (Q1 - 1.5*IQR, Q3 + 1.5*IQR) 밖의 케이스의 수.

결측값 패턴 [결측값 패턴(결측값이 있는 케이스)]에 대한 결과가 제시되었다. 케이스별로 결측값 %가 제시된다. b1의 경우 s가 없고, b5의 경우 S(System Missing)가 4개의 결측값이 있는 것으로 볼 수 있다. 연구자는 여러 결측값 처리 방법 판단하에 어떤 케이스를 삭제할 것인지 결정하는 것이 필요하다.

결측값 패턴 (결측값이 있는 케이스)

케이스	# 결측값	% 결측값	b1	b2	b3	b4	b5	b6	b7	b8	b9	b10
			결측값 및 극단값 패턴[a]									
2	1	10.0										S
3	2	20.0									S	S
4	3	30.0								S	S	S
5	4	40.0							S	S	S	S
6	5	50.0						S	S	S	S	S
7	6	60.0					S	S	S	S	S	S
8	7	70.0				S	S	S	S	S	S	S
9	8	80.0			S	S	S	S	S	S	S	S
10	9	90.0		S	S	S	S	S	S	S	S	S

+는 극대값을 나타내고 -는 극소값을 나타냅니다. 사용되는 범위는 (Q1 - 1.5*IQR, Q3 + 1.5*IQR)입니다.

a. 케이스와 변수는 결측값 패턴에 따라 정렬됩니다.

4) 역점수 처리

(1) 역점수 처리 전 사전 확인 사항

연구자는 설문지에서 사용한 척도에서 역문항이 있는지 반드시 확인해야 한다. 11개의 문항으로 구성된 우울척도에서는 점수가 높을수록 우울이 높은 것으로 해석되어야 한다. 그렇기에 부정적인 내용으로 기술된 문항의 경우 그대로 코딩(입력)해야 하고, 긍정적인 내용으로 기술된 문항의 경우 입력 이후 별도로 역점수 처리해야 한다. 예로 ㉯ "비교적 잘 지냈다"와 ㉶ "큰 불만 없이 생활했다"의 경우 극히 드물다가 4점, 대부분 그랬다가 1점으로 되어야 한다. 그렇다고 해서 최초로 설문지를 코딩(입력)하는 과정에서 연구자가 처음부터 역점수대로 입력하면 오류가 발생할 가능성이 많기에 척도에 응답된 그대로 코딩하는 것을 추천한다.

항목	극히 드물다 (일주일에 1일 이하)	가끔 있었다 (일주일에 2~3일간)	종종 있었다 (일주일에 4~5일간)	대부분 그랬다 (일주일에 6일 이상)
㉮ 먹고 싶지 않고 식욕이 없다.	1	2	3	4
㉯ 비교적 잘 지냈다.	1	2	3	4
㉰ 상당히 우울했다.	1	2	3	4
㉱ 모든 일들이 힘들게 느껴졌다.	1	2	3	4
㉲ 잠을 설쳤다(잠을 잘 이루지 못했다).	1	2	3	4
㉳ 세상에 홀로 있는 듯한 외로움을 느꼈다.	1	2	3	4
㉴ 큰 불만 없이 생활했다.	1	2	3	4
㉵ 사람들이 나에게 차갑게 대하는 것 같았다.	1	2	3	4
㉶ 마음이 슬펐다.	1	2	3	4
㉷ 사람들이 나를 싫어하는 것 같았다.	1	2	3	4
㉸ 도무지 뭘 해 나갈 엄두가 나지 않았다.	1	2	3	4

※ 참조: 한국복지패널 사이트 내 1차조사표-가구원용 설문지 내 우울(CES-D-11)척도

10개 문항으로 구성된 자아존중감척도에서는 점수가 높을수록 자아존중감이 높은 것으로 해석되어야 한다. 긍정적인 문항으로 기술된 문항의 경우 그대로 코딩(입력)해야 하고, 부정적인 내용으로 기술된 문항의 경우 입력 이후 별도로 역점수 처리해야 한다. 예로 ㉰ "나는 대체적으로 실패한 사람이라는 느낌이 든다", ㉲ "나는 대부분의 다른 사람들과 같이 일을 잘 할 수가 없다", ㉵"나는 내 자신을 좀더 존경할 수 있으면 좋겠다", ㉶"나는 가끔 내 자신이 쓸모 없는 사람이라는 느낌이 든다", ㉷"나는 때때로 내가 좋지 않은 사람이라고 생각한다"에서는 대체로 그렇지 않다가 1점이 아닌 4점, 항상 그렇다가 4점이 아닌 1점으로 입력되어야 한다. 그렇다고 해서 최초로 설문지를 입력하는 과정에서 연구자가 처음부터 역점수대로 입력하면 오류가 발생할 가능성이 많기에 척도에 응답된 그대로 코딩하는 것을 추천한다.

항목	대체로 그렇지 않다	보통이다	대체로 그렇다	항상 그렇다
㉮ 나는 내가 다른 사람들처럼 가치 있는 사람이라고 생각한다.	1	2	3	4
㉯ 나는 좋은 성품을 가졌다고 생각한다.	1	2	3	4
㉰ 나는 대체적으로 실패한 사람이라는 느낌이 든다.	1	2	3	4
㉱ 나는 대부분의 다른 사람들과 같이 일을 잘 할 수가 있다.	1	2	3	4
㉲ 나는 자랑할 것이 별로 없다.	1	2	3	4
㉳ 나는 내 자신에 대하여 긍정적인 태도를 가지고 있다.	1	2	3	4
㉴ 나는 내 자신에 대하여 대체로 만족한다.	1	2	3	4
㉵ 나는 내 자신을 좀더 존경할 수 있으면 좋겠다.	1	2	3	4
㉶ 나는 가끔 내 자신이 쓸모 없는 사람이라는 느낌이 든다.	1	2	3	4
㉷ 나는 때때로 내가 좋지 않은 사람이라고 생각한다.	1	2	3	4

※ 참조: 한국복지패널 사이트 내 1차조사표-가구원용 설문지 내 자아존중감척도

(2) 코딩 변경

우울척도에서의 긍정문항, 자아존중감 척도에서의 부정문항을 최초로 입력한 값을 변경해야 한다. 이때, [같은 변수로 코딩변경], [다른 변수로 코딩변경]을 통해 값을 변경할 수 있다. 이러한 과정을 통해 신뢰타당한 결과가 나타날 수 있다. 신뢰도 분석을 통해 확인할 수도 있는데, 코딩 변경을 하지 않았을 때와 코딩 변경을 했을 때 신뢰도 계수 중 하나인 Cronbach's α값이 달라지게 된다.

먼저, [같은 변수로 코딩변경]을 살펴보면 다음과 같다. [변환] → [같은 변수로 코딩변경]의 경우 기존의 변수 내에서 범주값을 변경할 수 있다. [같은 변수로 코딩변경]의 경우 최초로 입력된 값을 그 변수 내에서 변경하기 때문에 만약 연구자가 코딩 변경하는 과정에서 실수했을 경우 작업이 매우 복잡해진다. 그렇기에 [다른 변수로 코딩변경]을 한다. [다른 변수로 코딩변경]의 경우 새로운 변수를 생성하게 되는데 이는 최초에 입력한 변수와 값을 변경한 변수를 동시에 가지고 있게 되어 안전성이 담보된다. 일종

의 보험용 변수가 될 수 있다.

[같은 변수로 코딩변경]과 [다른 변수로 코딩변경]하는 과정은 다음과 같다.

[같은 변수로 코딩변경]

1 같은 변수로 코딩변경은 다음과 같은 절차로 진행된다. [변환] → [같은 변수로 코딩변경]을 선택한다.

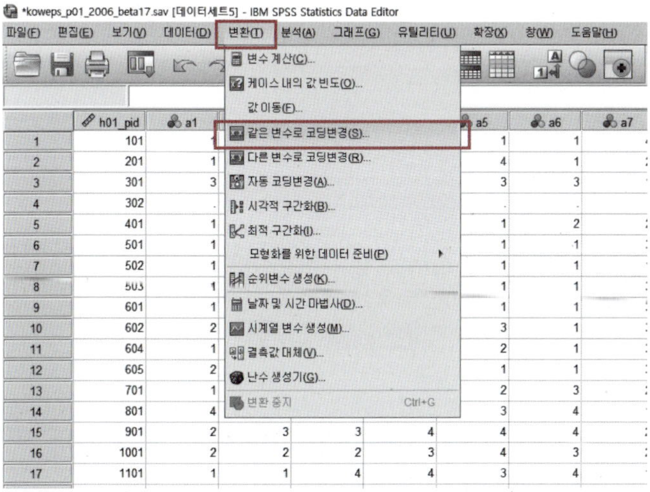

2 [같은 변수로 코딩변경]을 실행하면 다음과 같은 창이 활성화된다. 여기서 우울척도의 긍정문항인 "비교적 잘 지냈다"와 "불만없이 생활"을 클릭해 변수로 이동한 후 [기존값 및 새로운 값]을 선택한다.

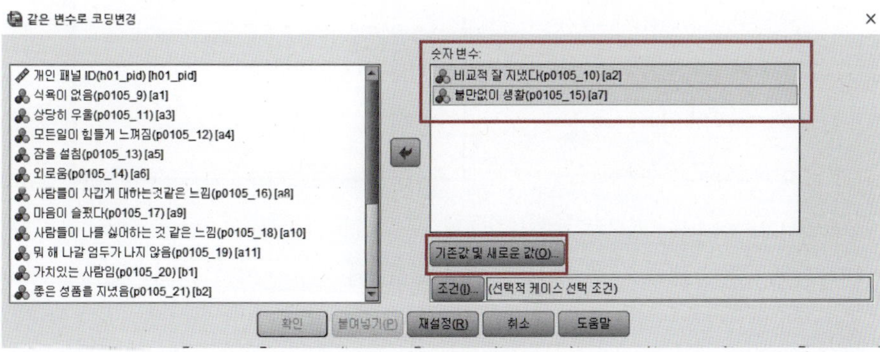

3 활성화된 [기존값과 새로운 값] 창은 다음과 같다. 크게 [기존값]과 [새로운 값]으로 구성되어 있다. 우울변수의 값의 범위는 1점부터 4점까지 구성되어 있다. 특히, 2개의 긍정문항은 1→4, 2→3, 3→2, 4→1로 코딩 변경해야 한다.

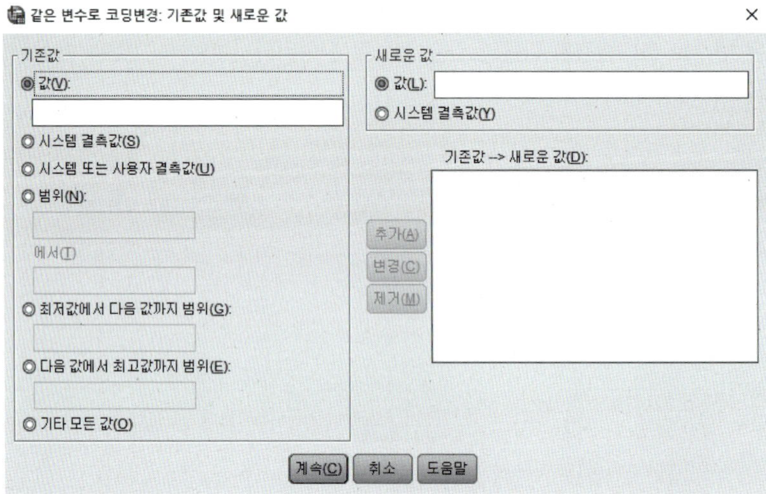

4 [기존값] 1을 [새로운 값] 4로, [기존값] 2를 [새로운 값] 3으로, [기존값] 3을 [새로운 값] 2로, [기존값] 4를 [새로운 값] 1로 변경한 후 [계속]을 선택한다.

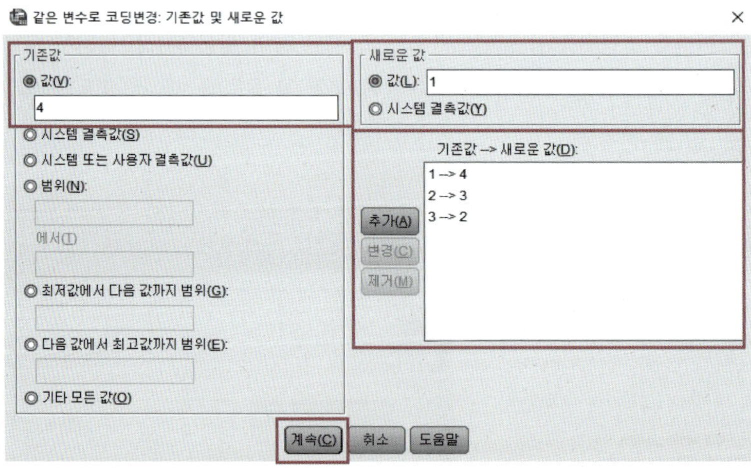

5 [계속]을 선택한 후 [확인]을 클릭하면 값이 변경되어 있음을 데이터 보기에서 확인할 수 있다.

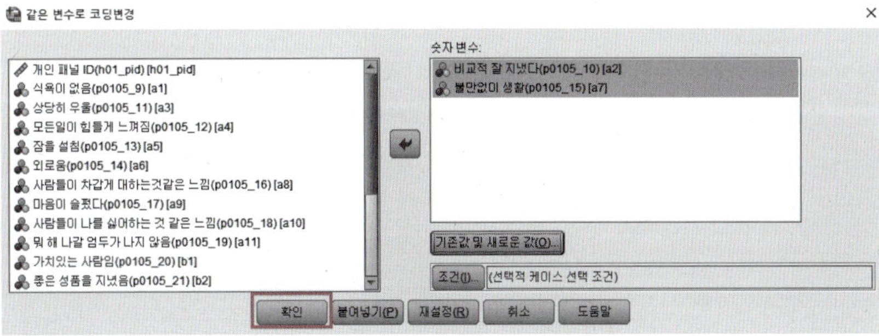

변경 전 h01_pid 101번에서 a2와 a7에 각각 4로 응답되어 있다.

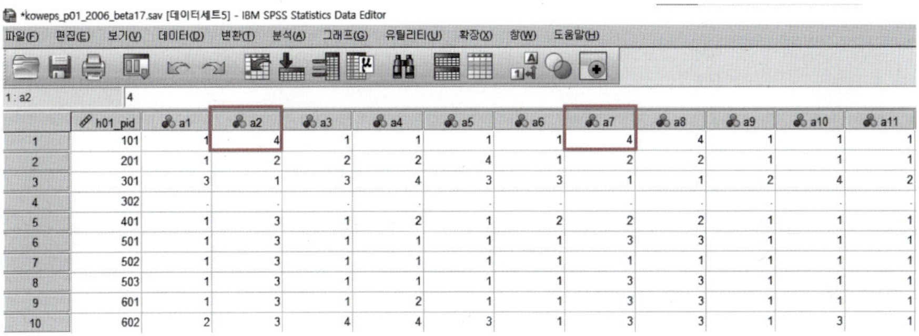
*koweps_p01_2006_beta17.sav [데이터세트5] - IBM SPSS Statistics Data Editor

1 : a2 | 4

	h01_pid	a1	a2	a3	a4	a5	a6	a7	a8	a9	a10	a11
1	101	1	4	1	1	1	1	4	4	1	1	1
2	201	1	2	2	2	4	1	2	2	1	1	1
3	301	3	1	3	4	3	3	1	1	2	4	2
4	302	.	.	.	.	.	.	.	.	.	.	.
5	401	1	3	1	2	1	2	2	2	1	1	1
6	501	1	3	1	1	1	1	3	3	1	1	1
7	502	1	3	1	1	1	1	1	1	1	1	1
8	503	1	3	1	1	1	1	3	3	1	1	1
9	601	1	3	1	2	1	1	3	3	1	1	1
10	602	2	3	4	4	3	1	3	3	1	3	1

변경 후 h01_pid 같은 변수로 코딩 변경한 후에는 101번의 a2와 a7에 각각 1로 변경되어 있음을 확인할 수 있다.

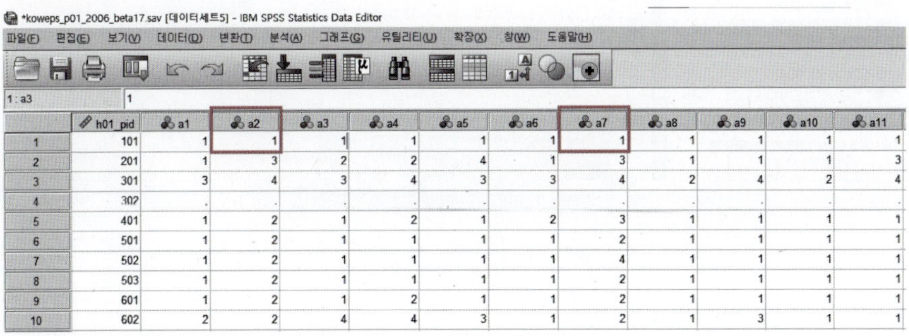
*koweps_p01_2006_beta17.sav [데이터세트5] - IBM SPSS Statistics Data Editor

1 : a3 | 1

	h01_pid	a1	a2	a3	a4	a5	a6	a7	a8	a9	a10	a11
1	101	1	1	1	1	1	1	1	1	1	1	1
2	201	1	3	2	2	4	1	3	1	1	1	3
3	301	3	4	3	4	3	3	4	2	4	2	4
4	302	.	.	.	.	.	.	.	.	.	.	.
5	401	1	2	1	2	1	2	3	1	1	1	1
6	501	1	2	1	1	1	1	2	1	1	1	1
7	502	1	2	1	1	1	1	4	1	1	1	1
8	503	1	2	1	1	1	1	2	1	1	1	1
9	601	1	2	1	2	1	1	2	1	1	1	1
10	602	2	2	4	4	3	1	2	1	3	1	1

[다른 변수로 코딩변경]

1 다른 변수로 코딩변경은 다음과 같은 절차로 진행된다. [변환] → [다른 변수로 코딩변경]을 선택한다.

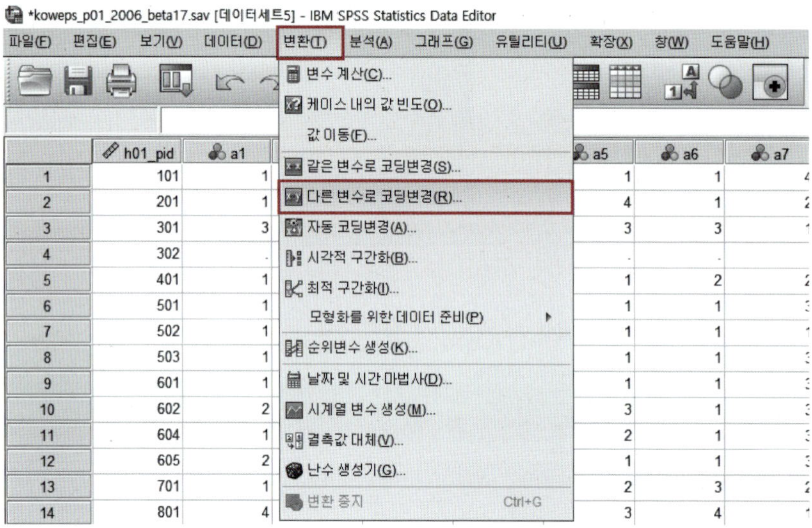

2 [다른 변수로 코딩변경]을 실행하면 새로운 창이 활성화된다. 다른 변수로 코딩변경 창은 [같은 변수로 코딩변경]과 다르게 3개의 영역으로 되어 있다. [변수목록], [입력변수→출력변수], [출력변수] 이렇게 3개이다.

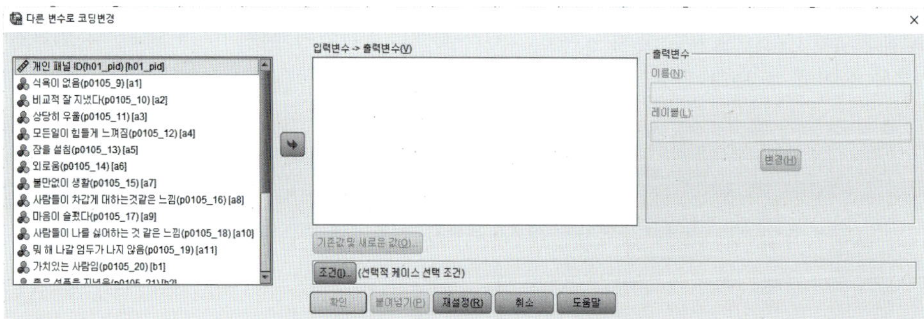

3 우울척도의 긍정문항 2개를 선택해 [숫자변수→출력변수]로 옮기게 되면, 오른쪽의 [출력변수]가 활성화된다. 이때, [출력변수]는 새롭게 생성하고자 하는 변수의 이름이 될 수 있다. 새로운 변수 이름을 a2를 a2_r, a7을 a7_r로 변경 처리하였다. 이때, r은 reverse의 앞글자이다. [출력변수]를 모두 변경하였으면 [기존값 및 새로운 값]을 선택한다.

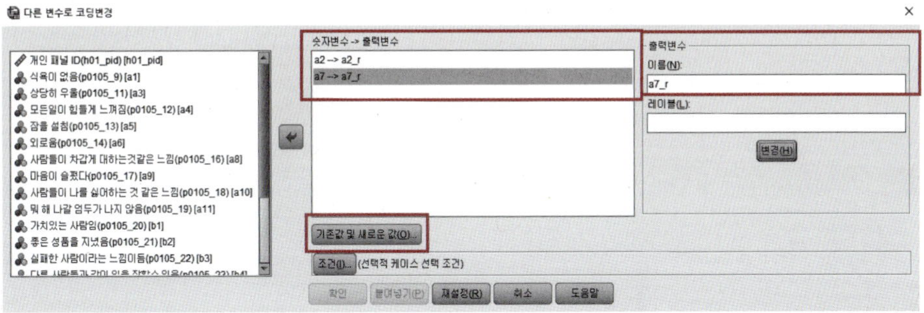

4 [기존값과 새로운 값]을 클릭하게 되면 새로운 창이 활성화된다. 크게 [기존값]과 [새로운 값]으로 구성되어 있다. 우울변수의 값의 범위는 1점부터 4점까지 구성되어 있다. 특히, 2개의 긍정문항은 1→4, 2→3, 3→2, 4→1로 코딩 변경해야 한다.

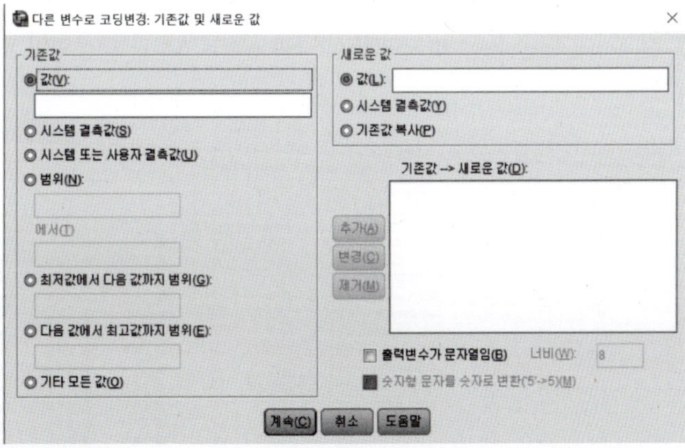

5 [기존값] 1을 [새로운 값] 4로, [기존값] 2를 [새로운 값] 3으로, [기존값] 3을 [새로운 값] 2로, [기존값] 4를 [새로운 값] 1로 변경한 후 [계속]을 선택한다.

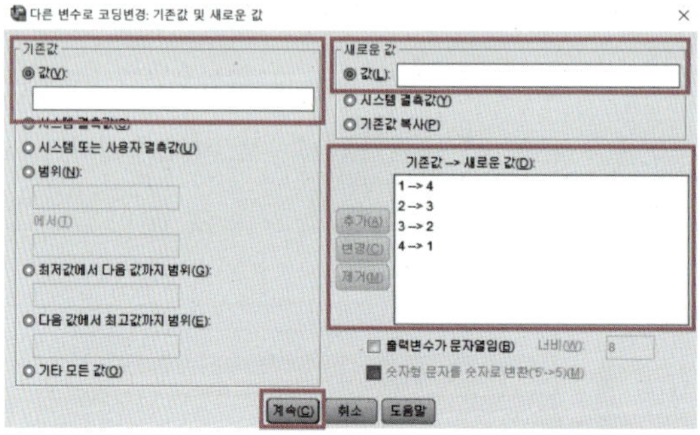

6 [계속]을 선택한 후 [확인]을 클릭하면 값이 변경되어 있음을 데이터 보기에서 확인할 수 있다.

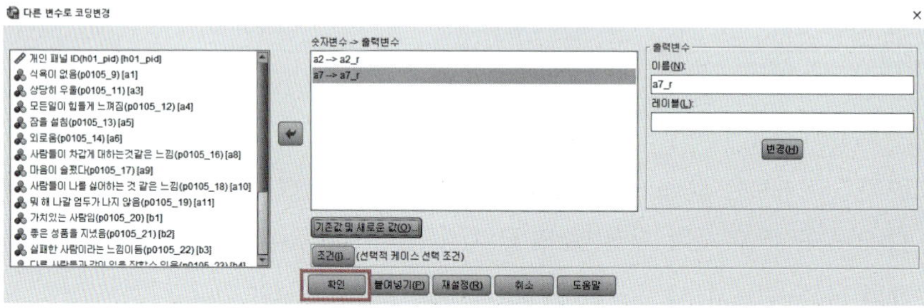

확인 1 [확인]을 선택하게 되면 가장 마지막에 a2_r과 a7_r 변수가 생성되어 있는 것을 확인할 수 있다.

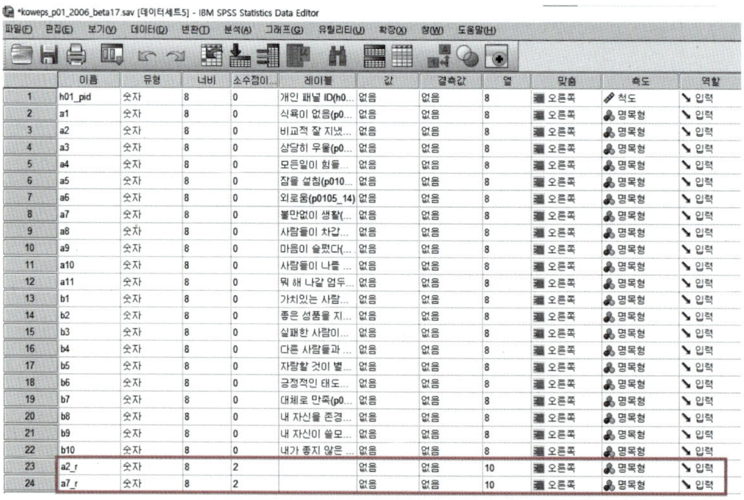

확인 2 이를 원래 a2와 a7 변수 아래에 각각 위치시킨다.

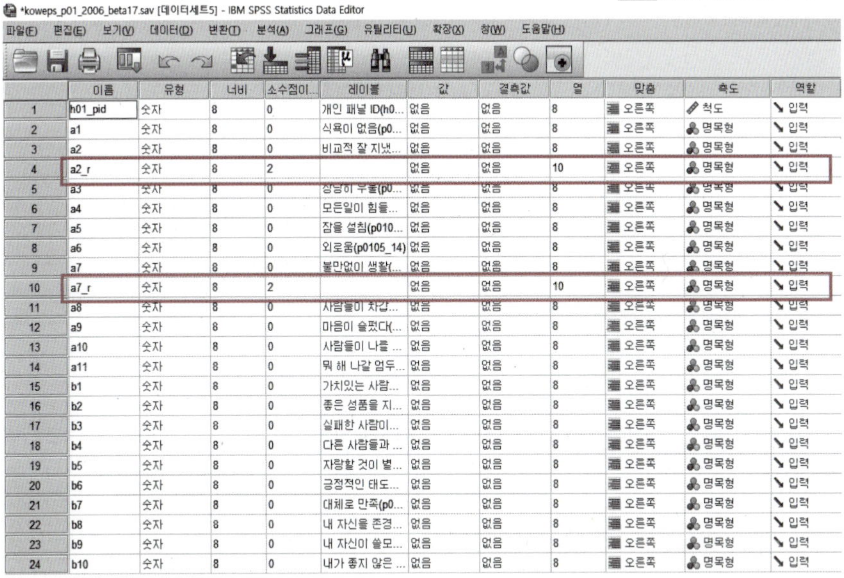

확인 3 a2와 a7 변수 아래에 각각 위치시킨 후 데이터 보기를 클릭하면 변경된 값을 확인할 수 있다.

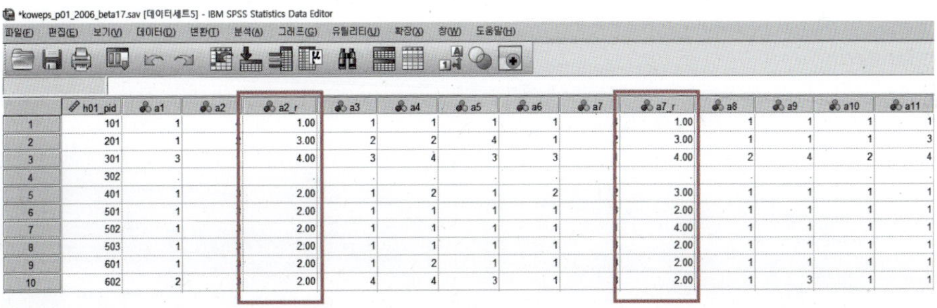

Chapter 03

주요 통계분석

본 저서에서는 14개의 분석방법과 그에 대한 데이터와 사용변수를 나열하였고, 그에 대한 결과를 〈표 3-1〉에 제시하였다. 14개의 분석방법으로는 빈도분석, 기술통계분석, 교차분석, 독립표본 *t*-test, 대응표본 *t*-test, One-way ANOVA, Two-way ANOVA, ANCOVA 분석, 상관관계분석, 회귀분석, 위계적 회귀분석, 매개회귀분석, 로지스틱 회귀분석, ROC Curve 분석이다. 구체적인 내용은 각 챕터별로 제시하였다.

〈표 3-1〉 분석방법에 따른 데이터와 변수 설정

연번	분석방법명	데이터	사용 변수
1	빈도분석	도문학	성별
2	기술통계분석	도문학	우울
3	교차분석	도문학	자살생각, 성별
4	독립표본 *t*-test	도문학	독립변수: 자살생각 종속변수: 우울
5	대응표본 t-test	김윤희	독립변수1: 담배광고 경험 전 흡연태도 독립변수2: 담배광고 경험 후 흡연태도 독립변수3: 8주후 흡연태도
6	One-way ANOVA	도문학	독립변수: 교육수준 종속변수: 우울
7	Two-way ANOVA	도문학	독립변수: 성별, 지역 종속변수: 우울
8	ANCOVA 분석	김윤희	독립변수: 권하는 담배를 거절하기 힘들 때 종속변수: 사후흡연태도 공변량: 사전흡연태도
9	상관관계 분석	도문학	자살사고, 자살계획, 자살시도, 저소득층 여부, 장애여부, 건강상태, 가족체계 만족도
10	회귀분석	도문학	독립변수: 자아존중감, 자살행동 종속변수: 우울
11	위계적 회귀분석	도문학	독립변수: 근로 능력 정도, 가족관계 만족도, 사회적 친분관계 만족도 종속변수: 외로움

연번	분석방법명	데이터	사용 변수
12	매개회귀분석	도문학	독립변수: 외로움 매개변수: 우울 종속변수: 자살생각
13	로지스틱회귀분석	도문학	독립변수: 우울, 자아존중감 종속변수: 자살생각
14	ROC Curve 분석	도문학	독립변수: 자살생각 종속변수: 우울

1. 빈도분석

1) 빈도분석의 개념

빈도분석(Frequency Analysis)은 통계학의 개념인 빈도를 이용하여 변수들의 개략적 특성을 보여주는 빈도의 분포를 파악하는 분석으로, 보통 자료의 인구사회학적 특성을 파악하기 위한 가장 기본 분석에 이용된다. 한편, 인구사회학적 특성은 인간의 개인 및 사회적 삶의 구성과 변화, 인구의 변동 혹은 그 특성에 관련한 것이다. 일반적으로 인구사회학적 특성은 성별, 연령, 학력, 경제력, 직업, 종교가 포함될 수 있다. 또한, 빈도분석을 통하여 데이터 클리닝을 할 수 있는데, 잘못 입력된 자료를 찾기 위해 사용되기도 한다.

빈도분석은 기본적으로 빈도, 퍼센트, 유효퍼센트, 누적퍼센트를 분석할 수 있고, 추가적으로 백분위 값, 중심경향, 산포도, 분포 등을 분석할 수 있다. 구체적으로 살펴보면, 첫째, 백분위 값은 사분위수, 절단점, 백분위수, 둘째, 중심경향은 평균, 중위수, 최빈값, 합계, 셋째, 산포도는 표준편차, 분산, 범위, 최소값, 최대값, 평균의 표준오차, 넷째, 분포는 왜도와 첨도를 분석할 수 있다.

빈도분석에 사용되는 변수 형태로는 명목변수, 서열변수, 등간변수, 비율변수까지 모든 변수 형태를 분석할 수 있다. 물론, 변수 형태에 따라서 추가분석을 실시할 수 있다. 다만 명목변수에 대해서 평균, 표준편차를 분석하는 것은 무의미하기에 연구자가 적절하게 판단하여 분석을 실시할 수 있다.

2) 분석절차

분석예시파일	도문학 SPSS DATA.SAV

빈도분석을 연습하기 위해서는 '도문학 SPSS DATA.sav' 파일이 필요해요.

1 데이터 편집기 창에서 데이터를 불러온 후 ❶ [분석(A)] → ❷ [기술통계량(E)] → ❸ [빈도분석(F)]을 눌러 다음 창을 실행한다.

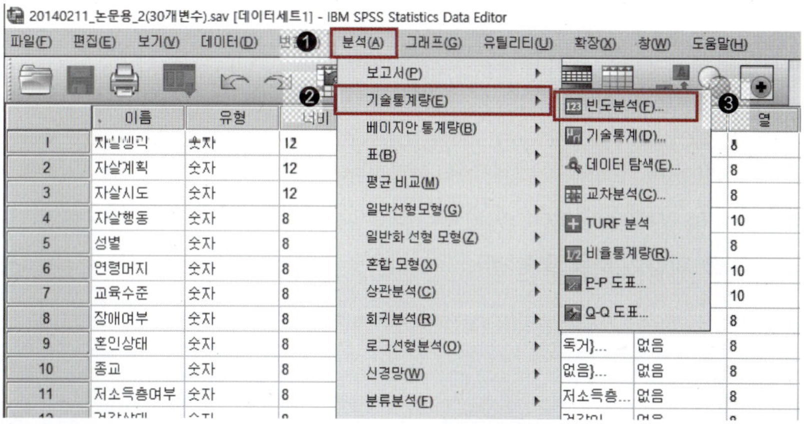

2 빈도분석 창이 활성화되면, 다음과 같은 빈도분석 창을 확인할 수 있다.

❶ 왼쪽에는 변수 목록, 중간에 화살표( )는 빈도 분석하고자 하는 변수를 선택에 오른쪽 빈칸으로 넘기는 기능이 있고, 반대로 분석할 변수를 제외하고자 할 때 다음의 화살표( )를 클릭해 넘길 수 있다.

❷ 오른쪽 끝에는 [통계량], [도표], [형식], [붓스트랩] 단추 들이 있는데, 빈도분석에서 주로 사용하는 단추는 [통계량]이다.

❸ 왼쪽 하단을 살펴보면 [빈도표 표시]에 체크가 되어 있는데, 이를 해제하게 되면 상세 빈도표가 제시되지 않게 된다.

❹ 가장 아래에는 [확인], [붙여넣기], [재설정], [취소], [도움말] 단추가 있는데, [확인]을 선택하게 되면 분석이 진행되며, [붙여넣기]는 명령문(Syntax)에 관련 명령문이 작성된다. [재설정]은 처음 상태로 다시 복구하기 위한 기능이다. [취소]는 빈도분석 창을 끄는 기능이며, [도움말]은 구체적인 도움이 필요할 때 사용할 수 있는 기능이 있다.

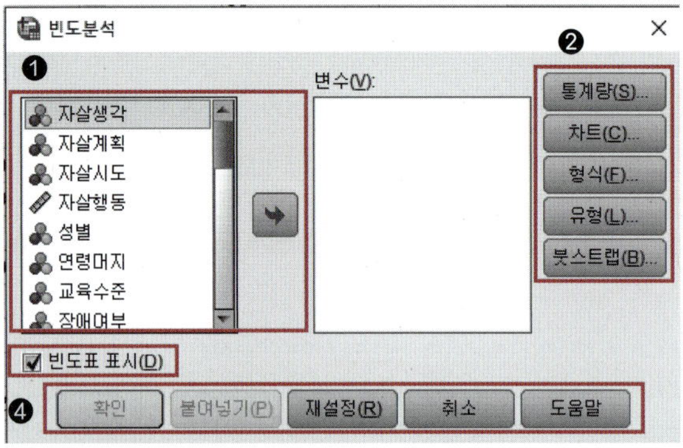

3 [분석예시파일]의 자살생각, 자살계획, 자살시도, 성별을 단순 빈도분석을 하도록 한다. ❶ 왼쪽 변수목록에서 자살생각, 자살계획, 자살시도, 성별 변수를 찾아 ❷ 오른쪽 빈칸으로 옮긴 후 ❸ 확인 단추를 클릭한다.

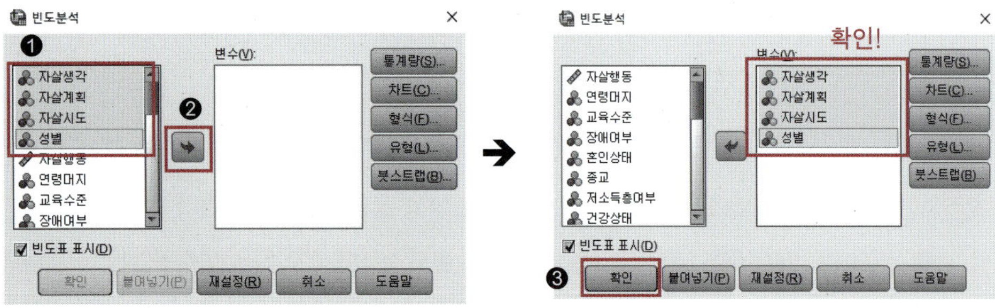

4 빈도분석을 끝내면 빈도분석 결과표를 제시한 출력결과 창이 활성화된다.

통계량

		자살생각	자살계획	자살시도	성별
N	유효	3511	3511	3511	3511
	결측	0	0	0	0

빈도표

자살생각

		빈도	퍼센트	유효 퍼센트	누적 퍼센트
유효	0 아니오	3062	87.2	87.2	87.2
	1 예	449	12.8	12.8	100.0
	전체	3511	100.0	100.0	

자살계획

		빈도	퍼센트	유효 퍼센트	누적 퍼센트
유효	0 아니오	3427	97.6	97.6	97.6
	1 예	84	2.4	2.4	100.0
	전체	3511	100.0	100.0	

자살시도

		빈도	퍼센트	유효 퍼센트	누적 퍼센트
유효	0 아니오	3462	98.6	98.6	98.6
	1 예	49	1.4	1.4	100.0
	전체	3511	100.0	100.0	

성별

		빈도	퍼센트	유효 퍼센트	누적 퍼센트
유효	0 여성	2148	61.2	61.2	61.2
	1 남성	1363	38.8	38.8	100.0
	전체	3511	100.0	100.0	

3) 분석 결과를 서지정보에 맞춰 작성하기

〈표 3-2〉 연구참여자의 인구사회학적 특성 (N=3,511)

변수	구분	빈도	%
자살생각	아니오	3,062	87.2
	예	449	12.8
자살계획	아니오	3,427	97.6
	예	84	2.4
자살시도	아니오	3,462	98.6
	예	49	1.4
성별	여성	2,148	61.2
	남성	1,363	38.8

본 연구에 참여한 연구 참여자의 일반적 특성을 분석한 결과는 〈표 3-2〉와 같다. 첫째, 자살생각이 있는 노인은 449명(12.8%)으로 나타났고, 둘째, 자살계획이 있는 노인은 84명(2.4%), 셋째, 자살시도를 해본 경험이 있는 노인은 49명(1.4%)로 나타났다. 이어서 참여자들의 성별을 살펴보면, 여성이 61.2%, 남성이 38.8%로 여성이 과반 이상으로 나타났다.

2. 기술통계분석

1) 기술통계분석의 개념

기술통계분석은 변수의 통계학적 속성(예를 들어 분포의 중심이 측정범위에서 어디에 위치하는지를 보여주는 '중심집중경향')을 보여주는 기술통계치(예를 들어 '평균'이라는 수치)를 파악하여 표본자체의 특성을 기술하는 데 쓰이는 분석이다. 기술통계는 주로 표본에 속한 대상자들의 인구통계학적 속성과 함께 연구문제나 연구가설에 포함된 개별적 변인에 대한 표본 대상자의 응답, 즉 데이터의 속성을 특정한 통계량(즉, 기술통계치)을 사용해 요약해 준다.

기술통계분석은 빈도분석의 추가분석과 같이 평균, 합계, 산포도(표준편차, 분산, 범위, 최소값, 최대값, 평균의 표본오차), 분포(첨도, 왜도)를 별도로 체크해 분석할 수 있다. 또한 변수목록, 문자순, 평균값 오름차순, 평균값 내림차순 등 출력순서를 선택해 볼 수 있다.

2) 분석절차

분석예시파일	도문학 SPSS DATA.SAV

> 기술통계를 연습하기 위해서는 '도문학 SPSS DATA.sav' 파일이 필요해요.

1 ❶ [분석(A)] → ❷ [기술통계량(E)] → ❸ [기술통계(D)]을 눌러 다음 창을 실행한다.

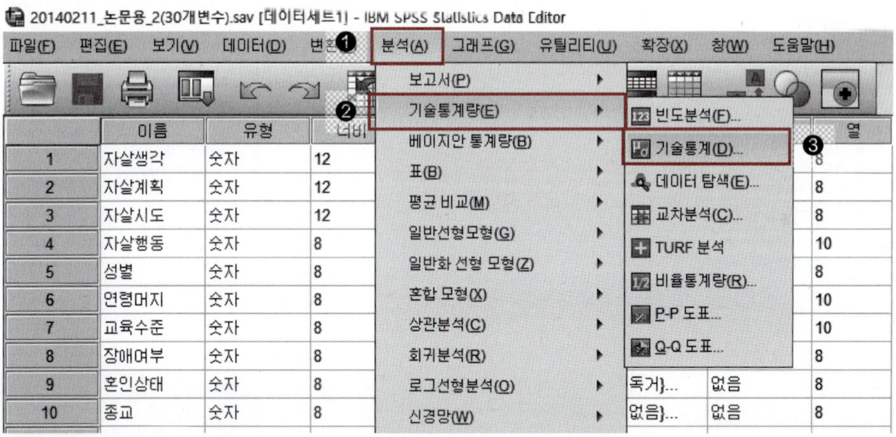

2 기술통계 창이 활성화되면, 다음과 같은 기술통계 창을 확인할 수 있다.

❶ 오른쪽 끝에는 [옵션], [붓스트랩] 단추 들이 있는데, 기술통계에서 주로 사용하는 단추는 [옵션]이다.

❷ 왼쪽 하단을 살펴보면, [표준화 값을 변수로 저장]에 체크가 해지되어 있는데, 이를 체크하게 되면 분석하고자 하는 변수의 표준화 값이 생성된 새로운 변수가 만들어지게 된다.

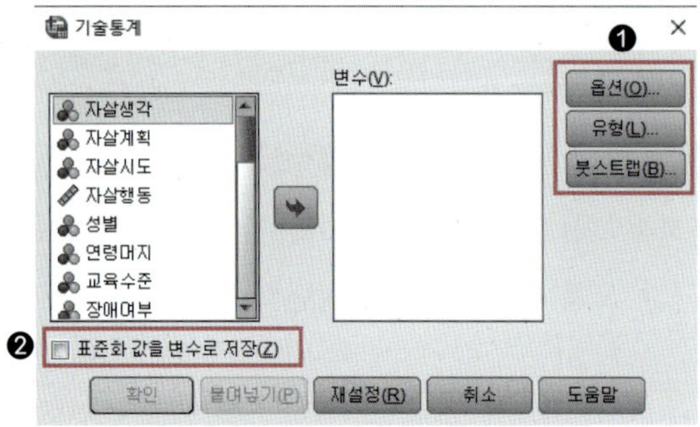

3 [분석예시파일]의 우울변수를 기술통계분석을 하도록 한다. 이를 위해 ❶ 변수목록에서 우울변수를 찾아 ❷ 오른쪽 빈칸으로 옮기고(➔) ❸ [옵션]을 눌러 ❹ 기존에 클릭되어 있는 평균, 표준편차, 최소값, 최대값을 확인한 후 [계속]을 누른다. ❺ 이후 바로 [확인] 버튼을 클릭해 분석을 실시한다.

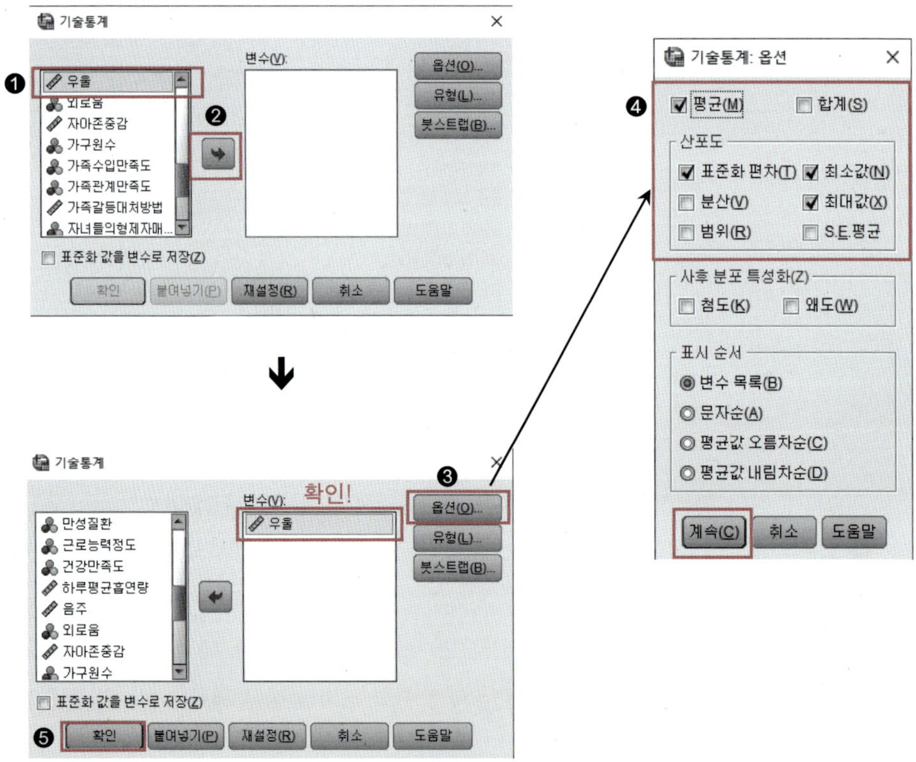

Information

[옵션]의 '기술통계량' 개념

기술통계의 [옵션]에서는 연구자가 확인하고자 하는 기술통계량을 선택할 수 있다. 대표적으로 평균, 표준편차, 최소값, 최대값이 있는데 기술통계량의 개념을 살펴보자.

평균(mean)	표준편차 (standard deviation)	최소값(min)	최대값(max)
모든 값을 합한 뒤 전체 케이스 수로 나누어 획득한 값	분산도를 나타내는 대표적인 값으로 분산의 제곱근을 구하여 거리의 개념으로 변환	전체 값 중 가장 낮은 값	전체 값 중 가장 높은 값

4 기술통계 분석이 끝나면 기술통계 결과표를 제시한 출력결과 창이 활성화된다.

기술통계

기술통계량

	N	최소값	최대값	평균	표준편차
우울	3510	0	33	6.01	5.501
유효 N(목록별)	3510				

3) 분석 결과를 서지정보에 맞춰 작성하기

〈표 3-3〉 우울변수의 기술통계치 (N=3,511)

변수명	n	평균	표준편차	최소값	최대값
우울	3,510	6.01	5.501	0	33

우울에 대한 기술통계 분석을 실시하였으며, 그에 대한 결과는 〈표 3-3〉과 같다. 우울의 평균점수는 6.01점(SD=5.501)으로 최소 0점에서 최대 33점으로 나타났다.

3. 교차분석

1) 교차분석의 개념

교차분석은 설문 항목이 명목척도, 서열척도로 이루어진 경우의 연관성분석에 사용된다. 교차분석은 하나의 변수에서 그 하위 특정 집단의 빈도 분포(그래서 명목척도에 사용된다)를 또 다른 하나의 변수(명목척도이어야 함)상의 하위 특정 집단의 빈도들과 교차하여 비교하는 분석이다. 교차분석에서는 교차분석표(Contingency Table)를 검토함으로써 차이나 관계를 밝힐 수도 있고, 그 차이의 통계적 유의성을 카이제곱(x^2)값을 이용하여 검증한다. x^2검증은 두 변수의 각 모집단 간에 차이가 있는지를 알아보는 동질성 검사와 두 변수 간에 관계가 있는지를 알아보는 상관성 검사로 나눌 수 있다. x^2검증은 두 변수(이론적인 가정이 있으면 두 변수를 각각 종속변수와 독립변수로 상정함)에 대하여 단지 명목수준의 측정을 요구하기 때문에 특히 명목수준의 변수를 쉽게 마주칠 수 있는 사회복지조사상황에 용이하게 사용할 수 있다.

교차분석 창

교차분석 창은 다음과 같은 창으로 나타난다. ❶ 왼쪽 흰 박스에는 변수목록, ❷ 오른쪽 흰 박스에는 [행], [열], [레이어1/1]로 나타난다. 오른쪽 흰 박스에서는 행과 열을 주로 사용한다. 가로로 주어지는 결과치를 확인하기 위해서는 행(W)에 변수를 위치하면 되고, 세로로 주어지는 결과치를 확인하기 위해서는 열(C)에 변수를 위치하면 된다. 행과 열의 위치가 서로 바뀌어도 결과를 읽는 데 지장은 없으나, 가급적 종속변수를 열(C)에 위치시키는 것이 최종적으로 결과를 제시하는 데 참고하기가 좋다. ❸ 오른쪽 파란색 버튼을 살펴보면, [정확], [통계량], [셀], [형식], [붓스트랩]이 있다. 본 저서에서는 [통계량]에서 카이제곱을 체크한다. [셀]에서는 빈도의 관측빈도, 기대빈도, 퍼센트의 열을 주로 살펴본다.

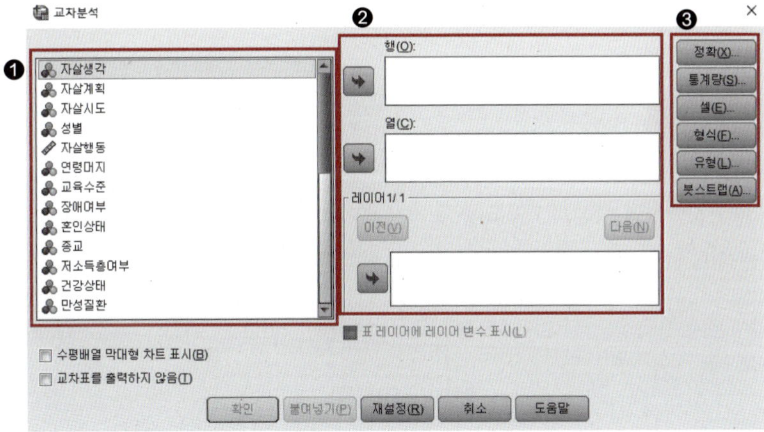

2) 기본가정

교차분석을 하기 위해서는 2가지 기본가정을 가지는데, 첫째, 2개의 범주형 변인 간 관계분석이 가능하다. 둘째, 독립-종속변인 구분 없이 범주형 변수의 형태이다.

3) 연구가설

교차분석에서 다음과 같은 가설을 설정할 수 있다. 분석 결과에 따라 연구가설이 채택되거나 기각될 수 있다.

연구가설 "노인의 성별에 따라 자살생각에 차이가 있을 것이다"

귀무가설 "노인의 성별에 따라 자살생각에 차이가 없을 것이다"

4) 분석절차

교차분석을 연습하기 위해서는 ‘도문학 SPSS DATA.sav’ 파일이 필요해요.

분석예시파일	도문학 SPSS DATA.SAV

1 데이터 입력화면 창에서 데이터를 불러온 후 ❶ [분석(A)] → ❷ [기술통계량(E)] → ❸ [교차분석(C)]을 선택해 다음과 같은 창을 실행한다.

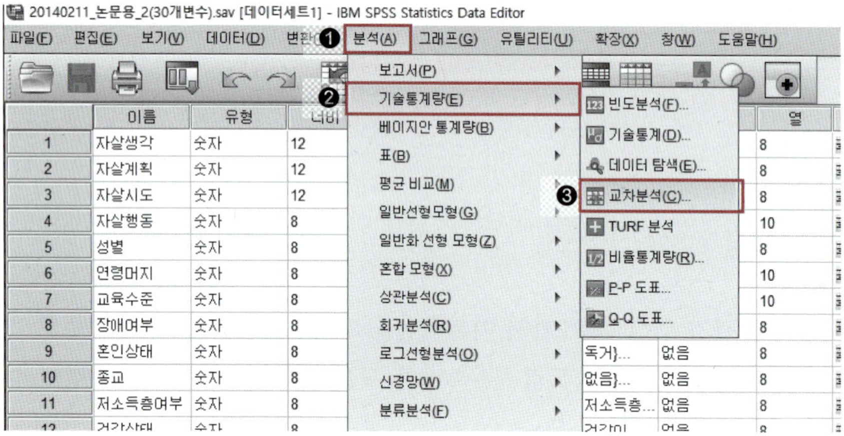

2 교차분석 창에서 ❶ 행(W)에 ‘자살생각’, ❷ 열(C)에 ‘성별’을 이동시킨 후 ❸ [통계량(S)]을 선택한다. 교차분석 통계량 창에서 ❹ [카이제곱(H)] 체크 후 ❺ [계속]을 선택한다.

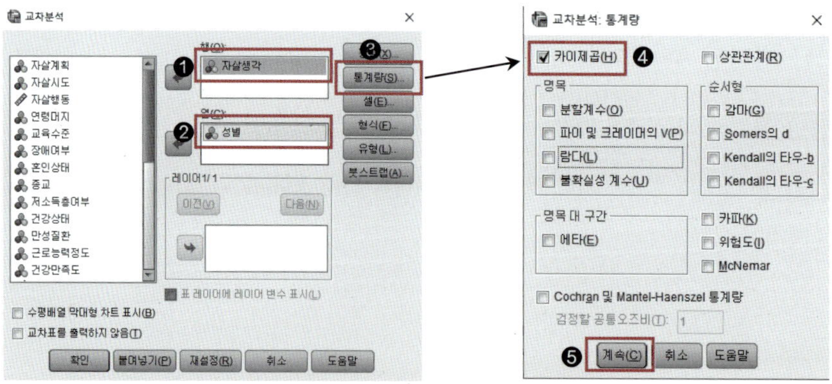

3 다음 교차분석 창에서 ❶ [셀(E)]을 선택한다. 교차분석 셀 표시 창에서 ❷ 빈도의 [관측빈도(O)], [기대빈도(E)], 퍼센트의 [열(C)]을 체크한 후 ❸ [계속]을 선택하고, 교차분석 창에서 ❹ [확인]을 선택한다.

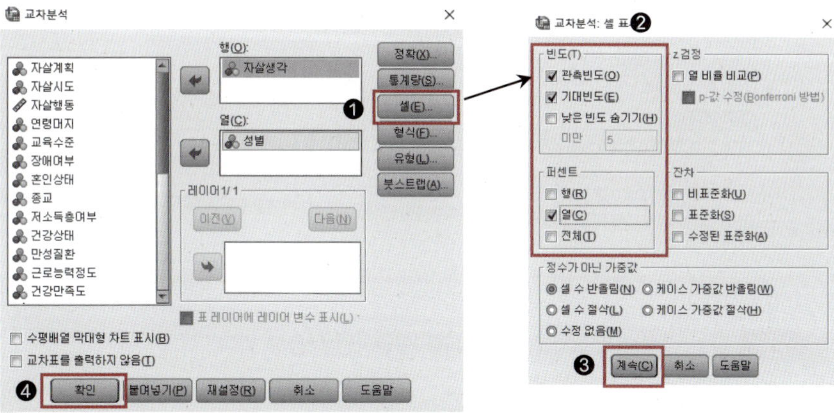

4 교차분석이 끝나면 교차분석 결과표를 제시한 출력결과 창이 활성화된다.

➜ **교차분석**

케이스 처리 요약

	케이스					
	유효		결측		전체	
	N	퍼센트	N	퍼센트	N	퍼센트
자살생각 * 성별	3511	100.0%	0	0.0%	3511	100.0%

자살생각 * 성별 교차표

			성별		
			여성	남성	전체
자살생각	아니오	빈도	1847	1215	3062
		기대빈도	1873.3	1188.7	3062.0
		성별 중 %	86.0%	89.1%	87.2%
	예	빈도	301	148	449
		기대빈도	274.7	174.3	449.0
		성별 중 %	14.0%	10.9%	12.8%
전체		빈도	2148	1363	3511
		기대빈도	2148.0	1363.0	3511.0
		성별 중 %	100.0%	100.0%	100.0%

카이제곱 검정

	값	자유도	근사 유의확률 (양측검정)	정확 유의확률 (양측검정)	정확 유의확률 (단측검정)
Pearson 카이제곱	7.441[a]	1	.006		
연속성 수정[b]	7.160	1	.007		
우도비	7.578	1	.006		
Fisher의 정확검정				.007	.004
선형 대 선형결합	7.438	1	.006		
유효 케이스 수	3511				

a. 0 셀 (0.0%)은(는) 5보다 작은 기대 빈도를 가지는 셀입니다. 최소 기대빈도는 174.31입니다.

b. 2x2 표에 대해서만 계산됨

결과 설명 앞서 출력창의 교차분석의 결과를 설명하면 다음과 같다.

교차표 ❶ 서지정보에 맞춰 작성하는 것은 두 번째 표의 자살생각×성별 교차표이다.

자살생각 * 성별 교차표 ❶

			성별		
			여성	남성	전체
자살생각	아니오	빈도	1847	1215	3062
		기대빈도	1873.3	1188.7	3062.0
		성별 중 %	86.0%	89.1%	87.2%
	예	빈도	301	148	449
		기대빈도	274.7	174.3	449.0
		성별 중 %	14.0%	10.9%	12.8%
전체		빈도	2148	1363	3511
		기대빈도	2148.0	1363.0	3511.0
		성별 중 %	100.0%	100.0%	100.0%

통계치 ❷ 카이제곱 검정의 Pearson 카이제곱의 값인 7.441과 자유도(df) 1, 접근 유의확률(양측검정)의 .006을 살펴보면 된다.

카이제곱 검정

	값	자유도	근사 유의확률 (양측검정)	정확 유의확률 (양측검정)	정확 유의확률 (단측검정)
Pearson 카이제곱	7.441[a]	1	.006		
연속성 수정[b]	7.160	1	.007		
우도비	7.578	1	.006		
Fisher의 정확검정				.007	.004
선형 대 선형결합	7.438	1	.006		
유효 케이스 수	3511				

a. 0 셀 (0.0%)은(는) 5보다 작은 기대 빈도를 가지는 셀입니다. 최소 기대빈도는 174.31입니다.

b. 2x2 표에 대해서만 계산됨

❷

5) 분석 결과를 서지정보에 맞춰 작성하기

〈표 3-4〉 성별과 자살생각에 대한 교차분석 (N=3,511)

구분		성별: 여성	성별: 남성	전체	
자살생각	아니오	1,847 (86.0%)	1,215 (89.1%)	3,062 (87.2%)	x^2= 7.441 p=.006 df = 1
	예	301 (14.0%)	148 (10.9%)	449 (12.8%)	
전체		2,148 (100.0%)	1,363 (100.0%)	3,511 (100.0%)	

노인의 성별에 따른 자살생각의 차이를 알아보기 위해 두 범주형 변인 간 관계를 분석하는 교차분석을 실시하였고, 분석결과는 〈표 3-4〉에 제시하였다. 교차분석을 실시한 결과 x^2=7.441, p=.006, df=1로 나타나, 두 변수 간에 통계적으로 유의한 결과가 나타났다. 따라서 노인의 성별과 자살생각에는 차이가 없을 것이라는 귀무가설을 기각하고 노인의 성별과 자살생각에 차이가 있을 것이라는 연구가설을 채택하였다.

4. 독립표본 *t*-test

1) 독립표본 *t*-test의 개념

독립표본 *t*-test은 모집단의 분산이나 표준편차를 알지 못할 때 모집단을 대표하는 표본으로부터 추정된 분산이나 표준편차를 이용하여 집단 간 평균차이를 검증하는 방법이다. 이 분석방법은 사회과학 연구에서 자주 쓰이는 통계기법으로 소표본에서 두 집단 간의 평균이 통계적으로 유의한 차이를 보이고 있는지의 여부를 검증할 때 사용된다.

*t*검증의 기본가정으로는 첫째, 종속변수의 측정치가 적어도 등간척도, 비율척도로 측정되어 얻어진 값이어야 한다. 둘째, 표집한 모집단이 정상분포를 이루어야 한다. 셋째, 평균 간의 차이를 검증할 경우에는 이들 두 모집단이 서로 동질, 즉 동일한 변량을 지녀야 한다. 넷째, 독립변수는 두 개의 집단이어야 한다(명목척도). 즉 독립변수는 2개의 변수 값으로 구성된 명목척도로 이루어져야 하는데, 예를 들면, 성별(남성, 여성), 자살생각 여부(자살생각 있음, 자살생각 없음)이 될 수 있다. 결과적으로 서로 다른 모집단에서 추출된 2개 집단의 평균 차이가 통계적으로 유의미한지를 파악하고자 할 때 사용하는 독립표본 *t*-test를 사용한다.

독립표본 *t*-test를 사용하는 전형적인 분석의 예는 하나의 변수가 집단을 구분하는 명목변수(특히 두 개의 집단을 구분하는 명목변수)이고 이 독립변수상의 두 개의 집단이 다른 변수 즉 종속변수에서 평균값을 구했을 때 각각의 평균값이 차이가 있는지를 통계학적으로 검정하는 경우이다.

독립표본 *t*-test 창

독립표본 t검정 창을 살펴보면 다음과 같다. ❶ 왼쪽에는 변수 목록이 있다. ❷ 오른쪽 상단 큰 영역의 흰색 박스인 검정 변수는 연구의 종속변수를 삽입한다. ❸ 오른쪽 하단 작은 영역의 흰색 박스인 집단변수에는 연구의 독립변수를 삽입한다. 다음 ❹

[집단정의]와 ❺ [옵션]에 대해 살펴보도록 하겠다.

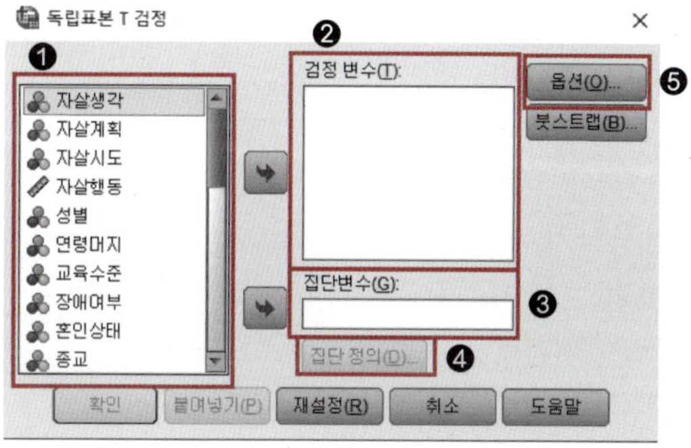

Tip

검정변수에 삽입하는 종속변수는 등간, 비율척도로 구성되어야 하며, 집단변수에 삽입하는 독립변수는 2개로 구성된 집단변수(성별, 종교유무 등)로 구성되어야 한다.

독립표본 t검정 창의 ❸ 집단변수는 처음에는 비활성화가 되어 있으나, 분석하고자 하는 집단변수(독립변수)를 삽입하면 ❹ [집단정의]라는 버튼이 활성화가 된다. [집단정의]를 선택하면 창이 활성하되고, 2가지 옵션인 [지정값 사용], [절단점]을 간략히 설명하겠다.

(1) 지정값 사용

❻ [지정값 사용]의 경우 집단 1, 집단 2로 되어 있는데, 이는 최초로 코딩한 변수값(value label)을 각각 집단 1과 집단 2에 입력할 수 있다. 예를 들어, 설문문항 중 성별에서 남성이 1번, 여성이 2번이고, 이를 그대로 코딩을 진행했다고 한다면, 집단정의 창에 집단 1에 1, 집단 2에 2로 입력하고 [계속]을 클릭하면 된다.

(2) 절단점

❼ [절단점]의 경우 어떤 척도에서 제시하고 있는 일종의 절단점(cut off value)이 있다면 그 절단점을 [절단점]에 입력하고 분석을 진행할 수 있다. 예를 들어, 어떤 척도에서 6점이 절단점이라고 했을 때, 6점 이상인 집단과, 6점 미만인 집단으로 구분하여 결과를 제시할 수 있다.

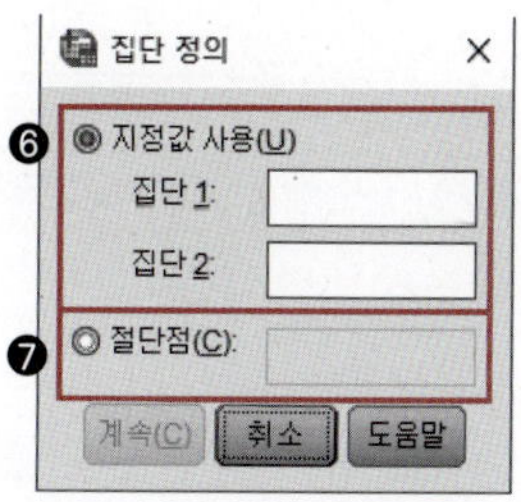

독립표본 t검정 창의 ❺ [옵션]의 [신뢰구간]과 [결측값]을 간략히 설명하면 다음과 같다.

(3) 신뢰구간

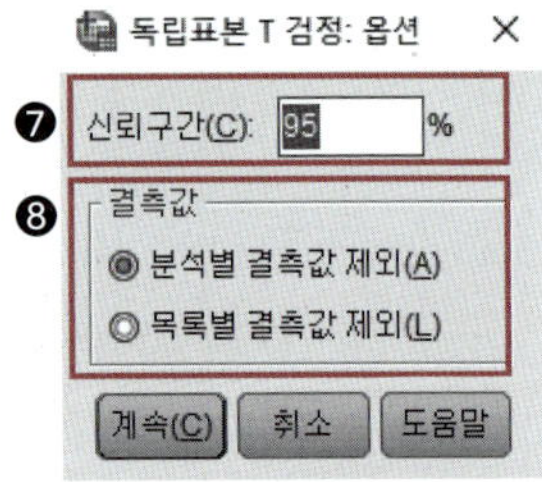

[신뢰구간] 95%의 경우 default되어 있으나 연구자가 임의로 신뢰수준을 입력할 수 있다. 예로 연구자가 99%의 신뢰수준을 설정하고자 한다면, '99'로 입력할 수 있다.

(4) 결측값

결측값은 한 개 이상의 변수에 대한 데이터가 없을 경우 어떤 케이스를 포함할 것인지(또는 제외할 것인지) 절차를 알려주는 것이라 볼 수 있다. [분석별 결측값 제외]는 검증할 변수 중에서 무응답치를 가진 사례는 해당 변수의 분석에서 제외되는데, 이는 기본적으로 선택이 되어 있다. [목록별 결측값 제외]의 경우 검증할 변수 중에서 무응답을 가진 경우 그 무응답 사례는 모든 분석에서 제외된다는 것을 의미한다.

독립표본 *t*-test 식

독립표본 *t*-test의 수식을 나타내면 〈표 3-5〉와 같다.

〈표 3-5〉 독립표본 *t*-test 수식

〈가설설정〉	$H_0 : \mu_1 = \mu_2$ $H_1 : \mu_1 \neq \mu_2$

대표본, $\sigma_1^2 = \sigma_2^2$, known	대표본, $\sigma_1^2 = \sigma_2^2$, unknown
$Z = \dfrac{\overline{X}_1 - \overline{X}_2}{\sqrt{\dfrac{\sigma_1^2}{n_1} + \dfrac{\sigma_2^2}{n_2}}}$	$Z = \dfrac{\overline{X}_1 - \overline{X}_2}{\sqrt{\dfrac{s_1^2}{n_1} + \dfrac{s_2^2}{n_2}}}$

☞ $n_1, n_2 \geq 30$

소표본, $\sigma_1^2 = \sigma_2^2$, unknown	☞ $n_1, n_2 \le 30$
$t = \dfrac{\overline{X}_1 - \overline{X}_2}{S_p \sqrt{\dfrac{1}{n_1} + \dfrac{1}{n_2}}} \sim t_{n_1 + n_2} - 2$	$S_p = \dfrac{(n_1 - 1)S_1^2 + (n_2 - 1)S_2^2}{n_1 + n_2} = \dfrac{\sum (X_{1i} - \overline{X}_1)^2 + \sum (X_{2i} - \overline{X}_2)^2}{n_1 + n_2}$

소표본, $\sigma_1^2 \neq \sigma_2^2$, unknown	
$t = \dfrac{\overline{X}_1 - \overline{X}_2}{\sqrt{\dfrac{S_1^2}{n_1} + \dfrac{S_2^2}{n_1}}} \sim t_{df}$	$df = \dfrac{(\dfrac{s_1^2}{n_1} + \dfrac{s_2^2}{n_2})^2}{\dfrac{(\dfrac{s_1^2}{n_1})^2}{n_1 - 1} + \dfrac{(\dfrac{s_2^2}{n_2})^2}{n_2 - 1}}$

2) 기본가정

독립표본 t-test의 기본가정은 3가지로 볼 수 있다. 첫째, 서로 다른 모집단에서 추출된 2개 집단 간 평균차이 검증을 하는 것이다. 둘째, 독립변인은 범주형(범주 2개)변수 1개, 종속변인은 연속형 변수 1개로 구성하는 것이다. 셋째, 2개 집단의 분산의 동질성 검증을 거친 후 2개 집단의 평균차이 검증을 한다.

3) 연구가설

독립표본 t-test분석을 위해서는 먼저 분석하고자 하는 독립변수와 종속변수를 먼저 살펴보아야 한다. 본 분석에서 사용하고자 하는 독립변수는 자살생각 여부이며, 종속변수는 우울이다. 변수 설정이 완료되었으면, 그에 대한 연구가설은 다음과 같다.

연구가설 "자살생각이 있는 노인은 자살생각이 없는 노인보다 우울이 높을 것이다"

귀무가설 "자살생각이 있는 노인과 자살생각이 없는 노인의 우울은 차이가 없다"

4) 분석절차

> 독립표본 t-test를 연습하기 위해서는 '도문학 SPSS DATA.sav' 파일이 필요해요.

분석예시파일	도문학 SPSS DATA.SAV

1 데이터 편집기 창에서 데이터를 불러온 후 ❶ [분석(A)] → ❷ [평균비교(M)] → ❸ [독립표본 T검정(T)]을 선택한다.

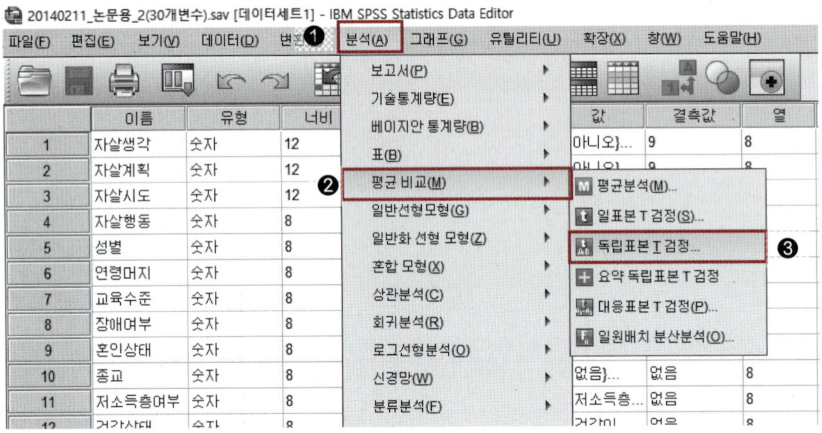

2 ❶ 종속변수인 우울을 검정변수로 추가하고, ❷ 독립변수인 자살생각을 집단변수로 추가한다. 집단변수에 '자살생각(? ?)'이라는 표시가 나타나면 ❸ [집단정의]를 선택한다.

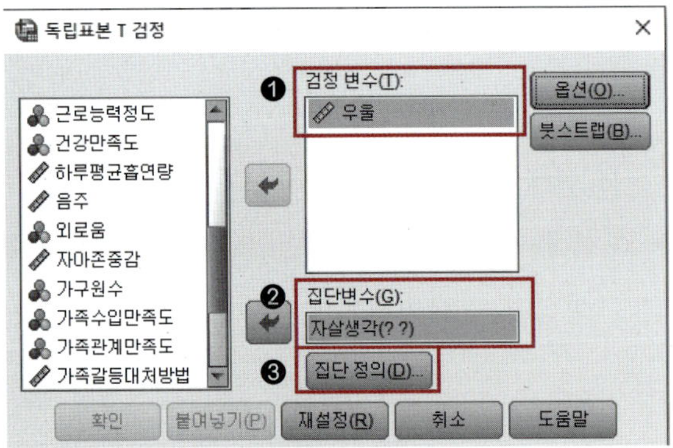

3 [집단정의] 버튼을 선택하면 집단정의라고 명명한 작은 크기의 창이 활성화되는데, ❶ [지정값 사용] 집단 1에는 0(자살생각 없음=0)을, 집단 2에는 1(자살생각 있음=1)을 입력한 후 ❷ [계속]을 선택한다.

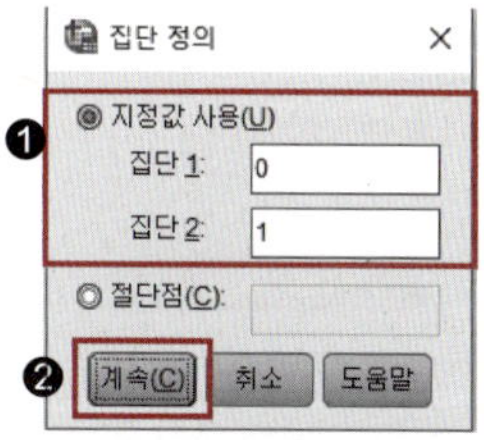

4 검정변수와 집단변수, 집단변수에 대한 집단정의가 완료된 창은 아래와 같다. ❶ [확인] 버튼을 눌러 분석을 실시한다.

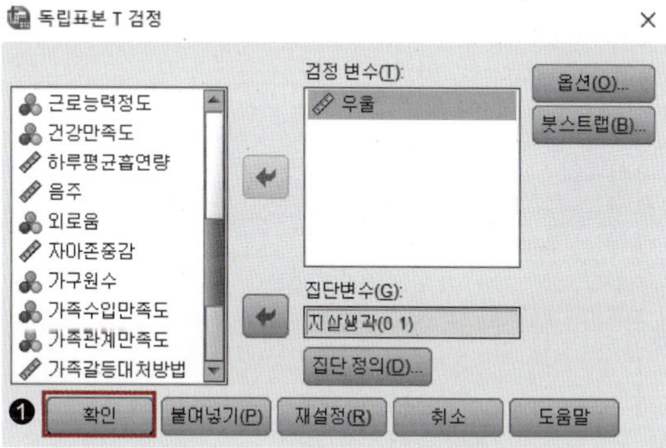

5 독립표본 t-test분석이 끝나면 t-test 결과표를 제시한 출력결과 창이 활성화된다.

➜ **T 검정**

집단통계량

	자살생각	N	평균	표준화 편차	표준오차 평균
우울	아니오	3061	5.52	5.108	.092
	예	449	9.33	6.795	.321

독립표본 검정

		Levene의 등분산 검정		평균의 동일성에 대한 T 검정						
									차이의 95% 신뢰구간	
		F	유의확률	t	자유도	유의확률 (양측)	평균차이	표준오차 차이	하한	상한
우울	등분산을 가정함	81.933	.000	-14.075	3508	.000	-3.808	.271	-4.338	-3.277
	등분산을 가정하지 않음			-11.410	524.809	.000	-3.808	.334	-4.463	-3.152

결과 설명 앞서 출력창의 독립표본 t-test 결과를 설명하면 다음과 같다.

집단통계량 [집단통계량]은 자살생각이 없는 노인의 우울통계량과 자살생각이 없는 노인의 우울 통계량이 제시된다. 이때, 집단통계량의 주요결과는 집단별 사례수(N), 집단별 우울 평균점수와 표준편차, 평균의 표준오차 순이다. 아래의 결과를 살펴보면, 자살생각이 없는 노인들의 우울 평균 점수는 5.52점, 자살생각이 있는 노인들의 우울 평균 점수는 9.33점으로 3.81점 정도 차이가 나고 있다.

집단통계량

	자살생각	N	평균	표준화 편차	표준오차 평균
우울	아니오	3061	5.52	5.108	.092
	예	449	9.33	6.795	.321

독립표본 검정 독립표본 t-test의 경우 [Levene의 등분산 검정]과 [평균의 동일성에 대한 T검정]을 통해 분석결과를 살펴볼 수 있다.

독립표본 검정

		❶ Levene의 등분산 검정		평균의 동일성에 대한 T 검정						
									차이의 95% 신뢰구간	
		F	유의확률	t	자유도	유의확률 (양측)	평균차이	표준오차 차이	하한	상한
우울	등분산을 가정함	81.933	.000	-14.075	3508	.000	-3.808	.271	-4.338	-3.277
	등분산을 가정하지 않음		❷	-11.410	524.809	.000	-3.808	.334	-4.463	-3.152

- 먼저, ❶ [Levene의 등분산 검정]에서 F값과 유의확률을 살펴봐야 한다. 본 분석에서는 Levene의 등분산 검정의 F값이 81.933으로 유의확률은 .000으로 F값이 통계적으로 유의하게 나타났다. 이는 등분산이 가정되지 않음에 따른 결과치를 확인해야 한다. 반대로, Levene의 등분산 검정의 F값이 유의하지 않게 나타났다면(p>.05), 등분산이 가정됨에 따른 결과치를 확인해야 한다.
- 기본적으로 Levene의 등분산인 F값이 통계적으로 유의하다고 하는 것은 연구가설을 채택하는 것인데, 연구가설은 대개 등분산이 가정되지 않는다는 것 즉, 첫 번째 집단과 두 번째 집단에 분산에 차이가 있다는 것이며, 귀무가설은 첫 번째 집단과 두 번째 집단에 분산에 차이가 없다는 것이다.
- 본 분석에서 자살생각이 있는 집단과 자살생각이 없는 집단의 분산에 차이가 있을 것이라는 연구가설을 채택한 것이 되므로 등분산이 가정되지 않음에 대한 결과에 따른 ❷ [평균의 동일성에 대한 t-검정] 결과를 살펴보아야 한다. 만약 집단변수 간의 차이가 없었다면(즉, 등분산이 가정되었다면), 등분산이 가정됨에 따른 [평균의 동일성에 대한 t-검정] 결과를 살펴보아야 한다.
- 앞서 언급한 대로 Levene의 등분산 검정의 F값이 81.933, p<.001로 나타났기에, 등분산이 가정되지 않음에 따른 [평균의 동일성에 대한 t-검정] 결과의 t값인 -11.410, 자유도 524.809, 유의확률(양쪽) .000을 살펴보아야 한다. 이때, t값의 부호인 마이너스부호는 음수가 아닌 방향(0을 기준으로 왼쪽)을 의미하기에 무시하고 t값은 11.410로 볼 수 있다.

5) 분석결과를 서지정보에 맞춰 작성하기

〈표 3-6〉 노인의 자살생각에 따른 우울의 차이 (N=3,510)

자살생각	n	우울	$t(df)$
		$M(SD)$	
자살생각 없음	3,061	5.52(5.108)	11.410(524.809)***
자살생각 있음	449	9.33(6.795)	

*** $p<.001$.

자살생각 여부에 따른 노인의 우울의 차이를 분석한 결과는 〈표 3-6〉에 제시하였다. 먼저, 자살생각이 없는 노인은 3,061명, 자살생각이 있는 노인은 449명이었다. 자살생각이 없는 노인은 우울점수가 5.52점(표준편차 ±5.108점), 자살생각이 있는 노인은 우울점수가 9.33점(표준편차 ±6.795점)이었다. 자살생각 유무에 따른 5.52점과 9.33점의 차이가 통계적으로 유의한 차이가 있는지(즉, 연구가설을 채택할 수 있는지) 확인하기 위해 독립표본 t-test를 분석한 결과, Levene의 F값은 81.933(p<.001), t값은 11.410, 자유도는 524.809, p값은 .000으로 나타났다. 이러한 결과는 자살생각이 있는 노인과 자살생각이 없는 노인 사이에서 유의한 차이가 있는 것으로 볼 수 있다. 즉, "자살생각이 있는 노인과 자살생각이 없는 노인의 우울은 차이가 없다"는 귀무가설을 기각하고, "자살생각이 있는 노인은 자살생각이 없는 노인보다 우울이 높을 것이다"라는 연구가설을 채택할 수 있다.

5. 대응표본 *t*-test

1) 대응표본 *t*-test의 개념

대응표본 *t*-test(Paired samples t-test)는 독립표본 *t*-test와 마찬가지로 2개 집단의 평균차이를 검증하는 것이다. 그러나 대응표본 *t*-test는 독립표본 *t*-test와는 다르게 두 집단이 같은 모집단에서 추출되었을 때 사용하는 기법이다. 주로 동일한 표본들에서 사전조사(pre-test)와 사후조사(post-test)를 실시하고 두 조사 사이의 평균값이 통계적으로 유의미한 차이가 있는지를 분석할 때 많이 사용된다. 동일한 표본을 대상으로 사전검사와 사후검사 등 2회 시점에 걸쳐 측정을 실시하는 것이므로 이때는 집단구분 변인(범주형 변인)이 아닌 두 개의 측정값(연속형 변인)을 입력해 분석을 실시한다. 프로그램의 효과성을 분석하기 위해 사전검사와 사후검사를 비교할 수 있고, 통계적으로 유의한 결과를 도출해야 프로그램이 효과성이 있다고 볼 수 있다.

대응표본 *t*-test 창

대응표본 *t*-test 창을 살펴보면 다음과 같다. ❶ 왼쪽 흰색 박스는 변수 목록이며, ❷ 대응 변수는 같은 모집단으로 구성되면서 측정 시기만 다른 변수가 투입이 되어야 한다. 대응 변수의 예로 프로그램 실시 전에 진행한 조사의 결과치와 프로그램 종료 이후 진행한 조사의 결과치가 될 수 있다. 대등한 비교를 위해 어떤 특정 시점에서 하나라도 무응답이 있을 경우 분석에서 제외되어 원래 변수 고유의 평균치와 차이가 발생할 수 있다. 필요할 경우 데이터를 재확인하는 절차가 있어야 한다. [옵션]과 [붓스트랩]의 경우 앞서 살펴본 독립표본 *t*-test와 동일한 내용으로 구성되어 있어 별도로 설명하지 않았다.

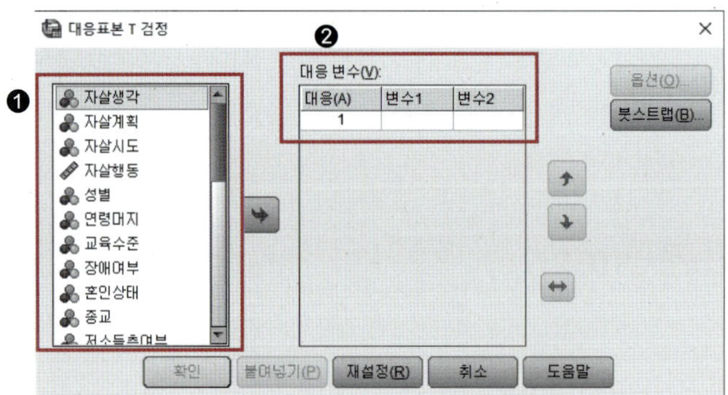

대응표본 t-test 수식

대응표본 t-test의 수식을 나타내면 〈표 3-7〉과 같다.

〈표 3-7〉 대응표본 t-test 수식

〈가설설정〉	$H_0 : \mu_{\overline{D}} = 0$ $H_1 : \mu_{\overline{D}} \neq 0$

차이계산
$1 \quad X_1 \quad Y_1 \quad D_1 = X_1 - Y_1$ $2 \quad X_2 \quad Y_2 \quad D_2 = X_2 - Y_2$ $\vdots$ $n \quad X_n \quad Y_n \quad D_n = X_n - Y_n$

$$\overline{D} = \frac{1}{n}\sum_{i=1}^{n} D_i, \quad S_D^2 = \frac{1}{n-1}\sum_{i=1}^{n}(D_i - \overline{D})^2$$

검정통계량	
$t = \dfrac{\overline{D}}{S_D/\sqrt{n}} \quad \sim t_{n-1}$	$Z = \dfrac{\overline{D}}{S_D/\sqrt{n}}$ n이 클 때

2) 기본가정

대응표본 t-test는 3가지의 기본가정을 가진다. 첫째, 대응표본 t-test는 동일 모집단에서 추출된 2개 집단의 평균차이를 검증한다. 둘째, 2개의 연속형 변인으로 2개 집단의 평균은 유의한 차이가 있다는 것을 알 수 있다. 셋째, 2개 집단은 동일 모집단에서 추출되었으므로 독립표본 t-test와 달리 분산의 동질성 검증이 필요 없으며 오로지 대응표본 t-test 결과만 본다.

3) 연구가설

담배광고에 따른 흡연태도를 확인하기 위해 대응표본 *t*-test를 사용하여 분석하고자 한다. 김윤희(2011)는 '청소년의 흡연태도는 담배광고 경험 전과 후에 차이가 있을 것이다.'고 설정하였다. 본문에서는 분석을 용이하게 하기 위해 연구가설을 3가지로 구성하였다.

[가설 1]

연구가설 1 "담배광고 경험 전, 후의 흡연태도는 차이가 있다"

귀무가설 1 "담배광고 경험 전, 후의 흡연태도는 차이가 없다"

[가설 2]

연구가설 2 "담배광고 경험 전과 8주후 흡연태도는 차이가 있다"

귀무가설 2 "담배광고 경험 전과 8주후 흡연태도는 차이가 없다"

[가설 3]

연구가설 3 "담배광고 사후흡연태도와 8주후 흡연태도는 차이가 있다"

귀무가설 3 "담배광고 사후흡연태도와 8주후 흡연태도는 차이가 없다"

4) 분석절차

분석예시파일	김윤희 SPSS DATA.SAV

대응표본 t-test를 연습하기 위해서는 '김윤희 SPSS DATA.sav' 파일이 필요해요.

1 데이터 편집기 창에서 데이터를 불러온 후 ❶ [분석(A)] → ❷ [평균비교(M)] → ❸ [대응표본 T검정(P)]을 선택한다.

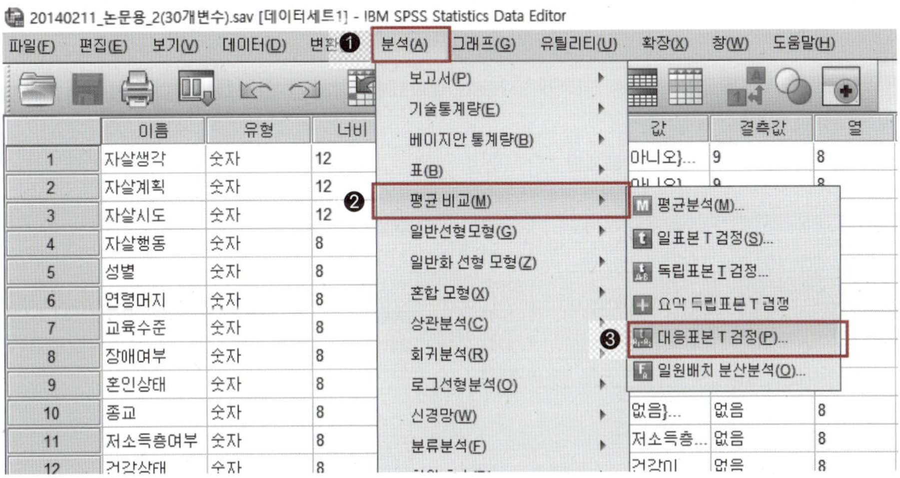

2 비교하고자 하는 변수를 앞서 나열한 연구가설 1, 2, 3 순서대로 대응변수로 이동한다.

❶ [대응 1]은 가설 1에 해당하는 변수를 삽입하면 되는데 [변수1]에는 사전흡연태도, [변수 2]에는 사후흡연태도를 추가한다.

❷ [대응 2]는 가설 2에 해당하는 변수로 [변수 1]에는 사전흡연태도, [변수 2]에는 흡연태도8주후를 추가한다.

❸ [대응 3]은 가설 3에 해당하는 변수를 삽입하는데 [변수 1]에는 사후흡연태도, [변수 2]에는 흡연태도8주후를 차례로 추가한다.

이후 ❹ [확인]을 선택해 분석을 실시한다.

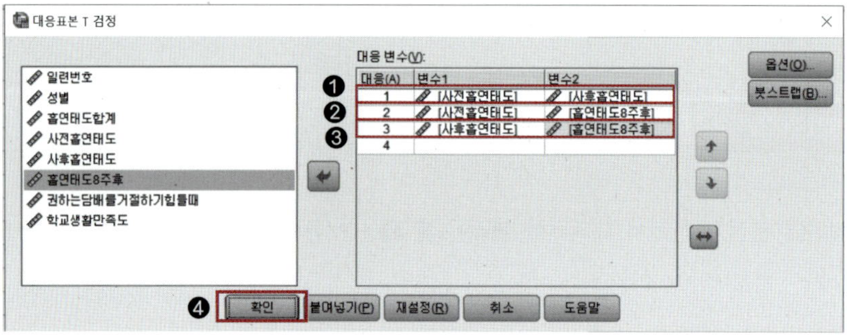

3 대응표본 t-test 분석이 끝나면 t-test 결과표를 제시한 출력결과 창이 활성화된다.

대응표본 통계량

		평균	N	표준화 편차	표준오차 평균
대응 1	사전흡연태도	10.2364	55	8.66659	1.16860
	사후흡연태도	10.4909	55	9.84109	1.32697
대응 2	사전흡연태도	10.2727	55	8.62695	1.16326
	흡연태도8주후	8.3091	55	10.15960	1.36992
대응 3	사후흡연태도	10.9138	58	9.76259	1.28189
	흡연태도8주후	8.5690	58	10.24629	1.34540

대응표본 상관계수

		N	상관관계	유의확률
대응 1	사전흡연태도 & 사후흡연태도	55	.839	.000
대응 2	사전흡연태도 & 흡연태도8주후	55	.783	.000
대응 3	사후흡연태도 & 흡연태도8주후	58	.872	.000

대응표본 검정

		대응차					t	자유도	유의확률 (양측)
					차이의 95% 신뢰구간				
		평균	표준화 편차	표준오차 평균	하한	상한			
대응 1	사전흡연태도 - 사후흡연태도	-.25455	5.36525	.72345	-1.70497	1.19588	-.352	54	.726
대응 2	사전흡연태도 - 흡연태도8주후	1.96364	6.35658	.85712	.24521	3.68206	2.291	54	.026
대응 3	사후흡연태도 - 흡연태도8주후	2.34483	5.09059	.66843	1.00633	3.68333	3.508	57	.001

결과 설명 앞서 출력창의 대응표본 t-test 결과를 설명하면 다음과 같다.

대응표본 통계량 [대응표본 통계량]의 경우 변수들의 평균, N(유효표본수), 표준편차, 평균의 표준오차가 제공된다.

대응표본 통계량

		평균	N	표준화 편차	표준오차 평균
대응 1	사전흡연태도	10.2364	55	8.66659	1.16860
	사후흡연태도	10.4909	55	9.84109	1.32697
대응 2	사전흡연태도	10.2727	55	8.62695	1.16326
	흡연태도8주후	8.3091	55	10.15960	1.36992
대응 3	사후흡연태도	10.9138	58	9.76259	1.28189
	흡연태도8주후	8.5690	58	10.24629	1.34540

대응표본 상관계수 [대응표본 상관계수]의 경우 대응 1부터 대응 3까지 투입된 변수들의 유효표본수와 변수 간 상관계수, 유의확률이 제공된다.

대응표본 상관계수

		N	상관관계	유의확률
대응 1	사전흡연태도 & 사후흡연태도	55	.839	.000
대응 2	사전흡연태도 & 흡연태도8주후	55	.783	.000
대응 3	사후흡연태도 & 흡연태도8주후	58	.872	.000

대응표본 검정 [대응표본 검정]의 경우 대응 1부터 대응 3까지의 대응차(평균, 표준편차, 평균의 표준오차, 차이의 95% 신뢰구간(하한, 상한)), t값, 자유도, 유의확률(양쪽)이 제공된다. 여기서 주의 깊게 살펴봐야 할 내용은 대응표본 통계량의 평균과 표준편차, 대응표본 검정의 대응차의 평균, t값, 자유도, 유의확률(양쪽)이다.

대응표본 검정

		대응차					t	자유도	유의확률 (양측)
					차이의 95% 신뢰구간				
		평균	표준화 편차	표준오차 평균	하한	상한			
대응 1	사전흡연태도 - 사후흡연태도	-.25455	5.36525	.72345	-1.70497	1.19588	-.352	54	.726
대응 2	사전흡연태도 - 흡연태도8주후	1.96364	6.35658	.85712	.24521	3.68206	2.291	54	.026
대응 3	사후흡연태도 - 흡연태도8주후	2.34483	5.09059	.66843	1.00633	3.68333	3.508	57	.001

5) 분석결과를 서지정보에 맞춰 작성하기

〈표 3-8〉 흡연태도 수준 대응표본 t-test 결과

(N=55)

연번	흡연태도	M	SD	t	df
1	사전흡연태도	10.24	8.667	-0.352	54
	사후흡연태도	10.49	9.841		
2	사전흡연태도	10.27	8.627	-2.291*	54
	8주후흡연태도	8.31	10.160		
3	사후흡연태도	10.91	9.763	-3.508**	57
	8주후흡연태도	8.57	10.246		

*p<.05, **p<.01.

흡연태도 수준에 대해 비교하는 대응표본 t-test를 실시하였으며, 그 결과는 〈표 3-8〉에 제시하였다.

첫째, 사전흡연태도와 사후흡연태도를 대응표본 t-test로 분석을 실시한 결과, 사전흡연태도의 평균은 10.24점(표준편차 ±8.667점), 사후흡연태도의 평균은 10.49점(표준편차 ±9.841점)으로, 사후흡연태도가 약간 높게 나타났으나, t값은 -.352로 통계적으로 유의한 차이는 나타나지 않았다. 이러한 결과를 통해 연구가설을 기각하고 귀무가설을 채택할 수 있다.

둘째, 사전흡연태도와 8주후 흡연태도를 대응표본 t-test로 분석을 실시한 결과, 사전흡연태도의 평균은 10.27점(표준편차 ±8.627점), 8주후 흡연태도의 평균은 8.31점(표준편차 ±10.160점)이었다. t값은 2.291(p<.05)로 통계적으로 유의한 차이를 보이고 있었다. 이러한 결과를 통해 귀무가설을 기각하고 연구가설을 채택할 수 있다. 이를 통해 사전흡연태도가 8주후흡연태도에 비해 부정적으로 나타나고 있어 흡연예방교육이 장기적인 관점에서 효과가 있는 것으로 볼 수 있다.

셋째, 사후흡연태도와 8주후 흡연태도를 대응표본 t-test로 분석한 결과, 사후흡연태도의 평균은 10.91점(표준편차 ±9.763점), 8주후 흡연태도의 평균은 8.57점(표준편차 ±10.246점)이었다. t값은 3.508(p<.01)로 통계적으로 유의한 차이를 보이고 있었다. 이

를 통해 담배예방교육이 당장 효과를 나타내지는 않더라도 8주후에는 프로그램의 효과가 나타난 것으로 해석할 수 있다.

6. 일원배치분산분석(One-way ANOVA)

1) 일원배치분산분석의 개념

표본에서 한 변수에 의한 집단이 1개 혹은 2개인 경우의 평균차이에 대한 검증은 *t*-test를 사용한다. 그러나 한 변수를 기준으로 구분되는 표본의 집단이 3개 이상일 때에 평균값을 비교하여 통계적 유의성을 검정하는 경우에는 분산분석(ANOVA(Analysis Of Variance))을 사용한다. 분산분석(ANOVA)은 *t*-test와 마찬가지로 독립변수는 명목척도이고, 종속변수는 수량적 평균값을 구할 수 있는 등간척도 내지는 비율척도로 구성되어야 한다. 또한 분산분석은 3가지 기본 가정이 만족되어야 한다. 첫째, 각 집단에 해당되는 모집단의 분포가 정규분포이어야 한다(정규성). 둘째, 각 집단에 해당되는 모집단의 변량이 같아야 한다(등분산성). 셋째, 각 모집단 내의 오차나 모집단 간의 오차는 서로 독립적이어야 한다(독립성).

ANOVA(분산분석)는 단일변량 분산분석과 다변량 분산분석으로 나뉘는데, 단일변량 분산분석은 독립변수의 개수에 따라 일원분산분석, 이원분산분석, 다원분산분석으로 구분된다. 가장 널리 사용되는 일원분산분석은 1개의 독립변수에 의해 표본의 집단이 3개 이상(2개인 경우도 가능한데 이 경우 독립표본 *t*-test와 분산분석은 동일한 분석결과를 제시함)인 경우 그 각 집단에 따라 구해진 종속변수의 평균값의 차이를 비교하는 분석방법이다. 독립표본 *t*-test가 두 평균의 차이와 그 차이의 표준오차와의 관계를 반영하는 '*t*값'이라는 검정통계치를 산출한다면, ANOVA는 'F－비율(F-ratio)'라는 유사한 검정통계치를 산출한다. 'F－비율'은 여러 집단 간 분산과 집단 내 분산의 관련성을 반영한다. 이때, 집단 간 분산은 분자, 집단 내 분산은 분모에 위치하는데, 집단 내 분산이 집단 간 분산에 비해 크면 F값이 작아져 통계적으로 집단 간 차이가 없어지게 된다.

반대로 집단 간 분산이 집단 내 분산에 비해 크면 F값이 커져 통계적으로 집단 간 차이가 있다고 해석할 수 있는 원리를 활용하는 것이다.

일원배치분산분석과 독립표본 *t*-test와의 가장 큰 차이점은 사후분석(post hoc) 실시 여부이다. 독립표본 *t*-test는 두 집단의 평균을 비교할 때 분석 결과 연구가설이 채택되면, 두 집단 중 하나가 큰 것이므로 따로 추가적인 분석이 필요 없다. 그러나 3개 이상의 집단을 비교하는 일원배치분산분석은 다르다. 예를 들어 연구가설이 'A, B, C는 차이가 있다', 영가설이 'A와 B와 C는 차이가 없다'이고, 연구가설이 채택되었다고 가정했을 때, 두 집단일 때와 달리 세 집단만 되어도 'A=B=C'가 아닌 경우의 수는 'A≠B≠C'만이 아니다. '(A=B)≠C', 'A≠(B=C)', '(A=C)≠B' 등 여러 가지 경우의 수가 존재할 수 있다. 따라서 3개 이상이 집단을 비교하는 일원분산분석에서 연구가설이 채택되면 여러 쌍의 두 집단 간 평균차이 중에서 어떤 두 집단 간에 통계적으로 유의한 평균차이가 발생하고 있는지를 알아보는 사후분석을 실시해야 한다. 사후분석은 그 자체로 연구자의 연구가설이 될 수도 있고, 분산분석에 의한 주된 연구가설에 대한 보충적인 정보를 탐색하는 일련의 보조 분석과정으로 활용될 수 있다.

일원배치분산분석 창 일원배치분산분석 창을 살펴보면 다음과 같다. ❶ 왼쪽 흰색 박스는 변수 목록이며, ❷ 오른쪽의 종속변수에는 연구의 종속변수를 추가할 수 있다. ❸ 요인은 비교하고자 하는 집단변수 즉, 독립변수를 추가한다. 다음 ❹ [사후분석]과 ❺ [옵션]에 대해 살펴보도록 하겠다.

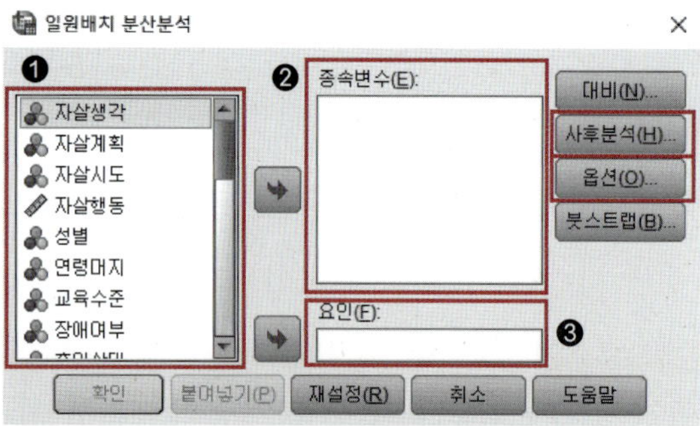

Tip

종속변수에 추가하는 종속변수는 등간, 비율척도로 구성되어야 하며, 요인에 추가하는 독립변수는 3개로 구성된 집단변수(교육수준, 가구유형, 혼인상태 등)로 구성되어야 한다.

일원배치분산분석 창 가장 오른쪽에는 [대비], [사후분석], [옵션], [붓스트랩]이 있다. 이 중 가장 많이 사용하는 기능인 ❹ [사후분석]과 ❺ [옵션]에 대해 살펴보도록 하겠다.

[대비] 창

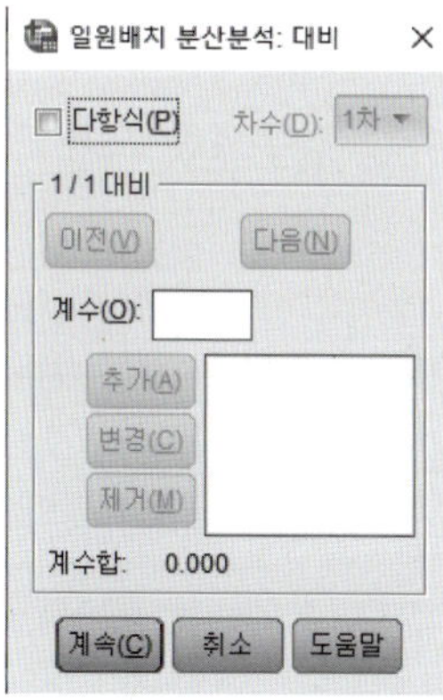

[붓스트랩] 창

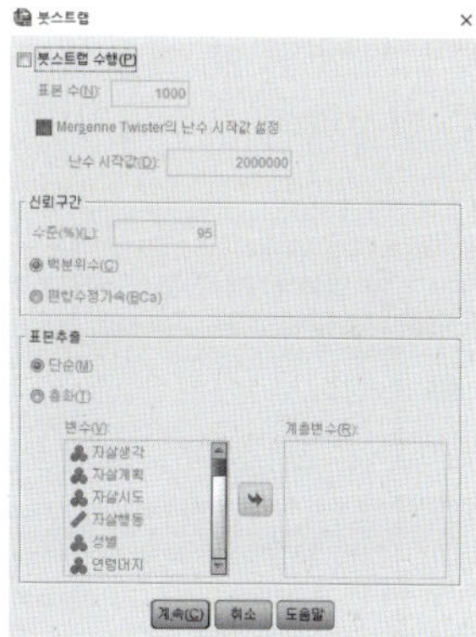

일반원배치분산분석의 ❹ [사후분석]의 경우 ❻ [등분산을 가정함]과 ❼ [등분산을 가정하지 않음] 등 크게 2개의 사후분석 옵션이 있다.

등분산을 가정함 집단의 분산 동질성이 확보되었을 때 [등분산을 가정함]을 확인한다. 이 중에서 대부분 많이 사용하는 사후분석은 [Scheffe], [Tukey 방법], [Duncan] 등이 될 수 있다.

- [Scheffe] 각 집단의 수가 동일하지 않더라도 사용 가능하지만, 넓은 신뢰구간을 제시하는 단점이 있다.
- [Tukey 방법] 각 집단의 수가 동일할 경우 사용하는 방법으로 집단 간 차이를 정밀하게 분석해주지만, 이 방법은 동일한 집단 수로 분석했을 때 의미 있는 결과를 보여준다.
- [Duncan] 각 집단의 평균들을 나열한 후 인접한 크기를 단계적으로 비교하여 계산해 차이 검출 확률이 높지만, 그 기준이 엄격하지 않아 1종 오류가 발생할 가능성도 높다.

등분산을 가정하지 않음 집단의 분산 동질성이 확보되지 않았을 때 [등분산을 가정하지 않음]을 확인한다.

- [Tamhane의 T2]는 t분포를 기준과 유의수준의 조정을 통해 분석해 기준이 엄격하지만, 집단의 수가 많을수록 1종 오류가 발생할 가능성이 높다.
- [Dunnett의 T3]은 각 집단의 수가 동일하지 않더라도 사용 가능해 각 집단별 수가 적어도 검정력이 우수하지만, 각 집단별 수가 많아질 경우 1종 오류도 높아진다.

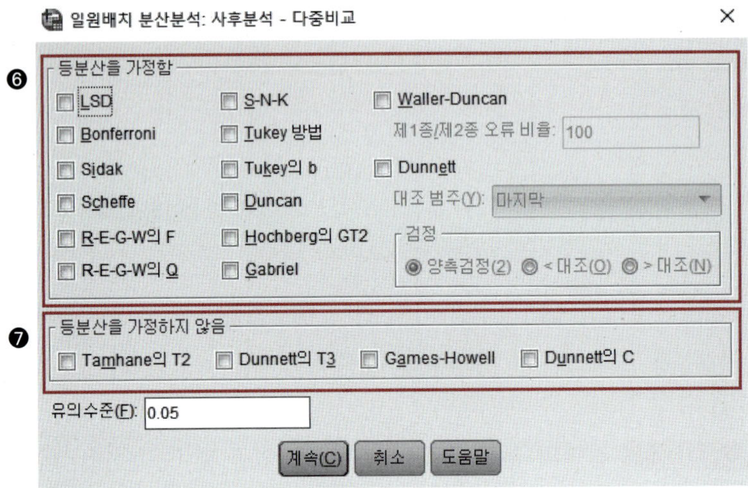

일원배치분산분석의 ❺ [옵션]은 [통계량]과 [결측값]이 있다.

통계량 [통계량]은 주로 [기술통계]와 [분산 동질성 검정]의 옵션이 사용된다.

- [기술통계]는 각 집단의 수, 평균, 표준화편차, 표준화오류, 95% 신뢰구간, 최소값, 최대값 등의 정보를 제시한다.
- [분산 동질성 검정]은 '표본이 무작위로 추출되었으며, 모집단의 분산이 동일하다'는 가정이 충족되는지를 확인하기 위해 Levene 통계량을 확인한다.

결측값 [결측값]은 [분석별 결측값 제외]가 기본적으로 선택되어 있다.

일원배치분산분석 수식 일원배치분산분석의 수식을 나타내면 〈표 3-9〉와 같다.

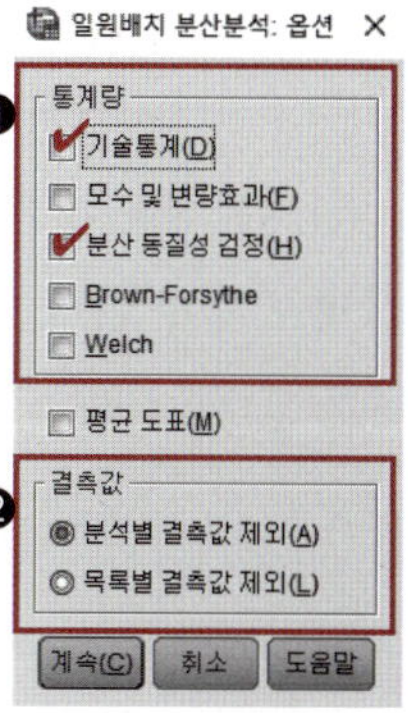

〈표 3-9〉 일원배치분산분석 수식

전체분산(평균편차)		집단 간 평균차이		각 집단 내 개인차이
SST		SSB		SSW
$\sum_{i=1}^{g}\sum_{j=1}^{n_i}(X_{ij}-\overline{\overline{X}})^2$	=	$n\sum_{i=1}^{g}(\overline{X}_i-\overline{\overline{X}})^2$	+	$\sum_{i=1}^{g}\sum_{j=1}^{n}(X_{ij}-\overline{X})^2$
총변동		집단 간 변동		집단 내 변동

- 총변동(Total Sum of Square; SST) : 전체 데이터가 가지고 있는 산포를 계산할 경우에 사용하며, 각 관측값과 총평균의 차이 제곱합이다.
- 집단 간 변동(Between group Sum of Square; SSB) : 집단 간 산포를 계산할 경우에 사용하며, 각 집단의 평균과 총평균 차의 제곱합이다.
- 집단 내 변동(Within group Sum of Square; SSW) : 집단 내 데이터가 가지고 있는 산포를 계산할 경우에 사용하며, 각 집단 내 관측값과 집단 내 평균 차의 제곱합이다.

2) 기본가정

일원분산분석을 실행시키기 위해 3가지 기본가정을 숙지하여야 한다. 첫째, 일원분산분석은 서로 다른 모집단에서 추출된 2개(주로 3개) 이상 집단 간 평균차이검증을 하는 것이다. 둘째, 독립변인은 범주형 변인(범주 2개 이상), 종속변인은 연속형 변인이다. 셋째, 집단이 3개 이상일 때 연구가설이 채택되면, 반드시 사후분석을 해서 어떤 집단들에서 차이가 있었는지 밝혀야만 한다.

3) 연구가설

일원분산분석을 실행하기 위해서는 먼저 분석하고자 하는 독립변수와 종속변수를 살펴보아야 한다. 본 분석에서 사용하고자 하는 독립변수는 교육수준(무학/초등학교/중학교/대학교 이상)이며, 종속변수는 우울이다. 변수 설정이 완료되었으면, 그에 대한 연구가설은 다음과 같다.

연구가설 "교육수준에 따라 우울은 차이가 있을 것이다"

귀무가설 "교육수준에 따라 우울은 차이가 없다"

4) 분석절차

일원배치분산분석(ANOVA)를 연습하기 위해서는 '도문학 SPSS DATA.sav' 파일이 필요해요.

분석예시파일 도문학 SPSS DATA.SAV

1 데이터 편집기 창에서 데이터를 불러온 후 ❶ [분석(A)] → ❷ [평균비교(M)] → ❸ [일원배치분산분석(O)]을 선택한다.

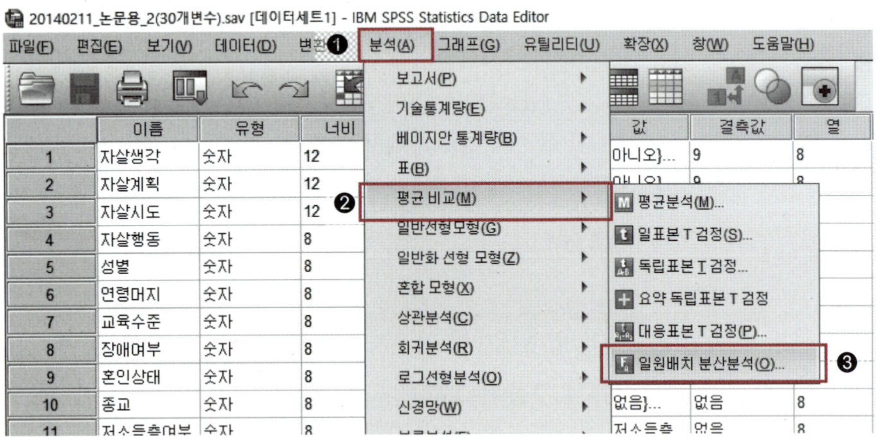

2 ❶ 종속변수인 '우울'을 종속변수로 이동시키고, ❷ 독립변수인 '교육수준'은 요인으로 이동시킨 후 ❸ [옵션]과 ❹ [사후분석]에 필요한 내용을 선택한 후 마지막에 ❺ [확인]을 선택한다.

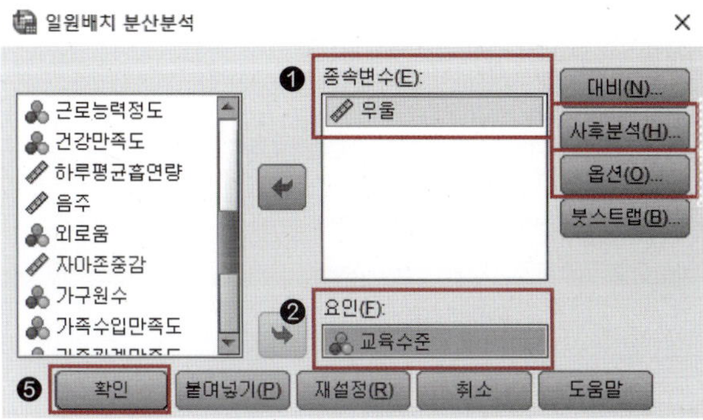

3 ❸ [옵션] 창에서 [기술통계]와 [분산 동질성 검정], [Welch]를 선택한 후 [계속] 버튼을 선택한다. 이때, Welch는 분산 동질성 검정에서 등분산(p>.05)이 가정되지 않고, 이분산(p<.05)으로 나타났을 경우를 해석하기 위함이다.

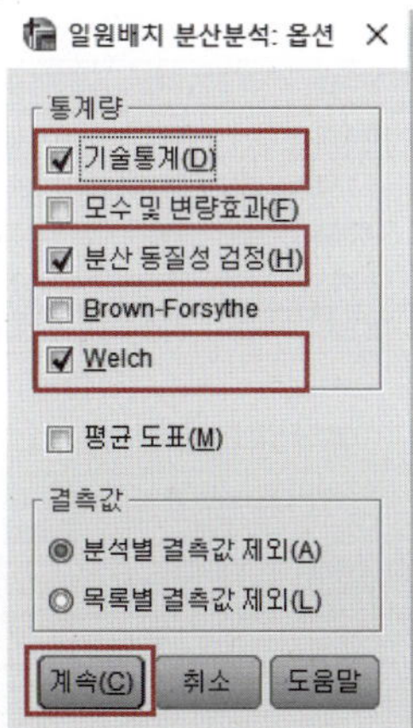

4 ❹ [사후분석] 창에서는 사후분석을 위한 사후분석 방법 중 하나를 선택한다. 본 분석에서는 각 집단의 수가 동일하기 않기 때문에 'Scheffe' 방법을 사용하기로 한다. 또한 ❸에서 언급한 대로 집단이 등분산을 가정하지 않을 경우 'Games-Howell' 방법을 추가로 사용하기로 한다.

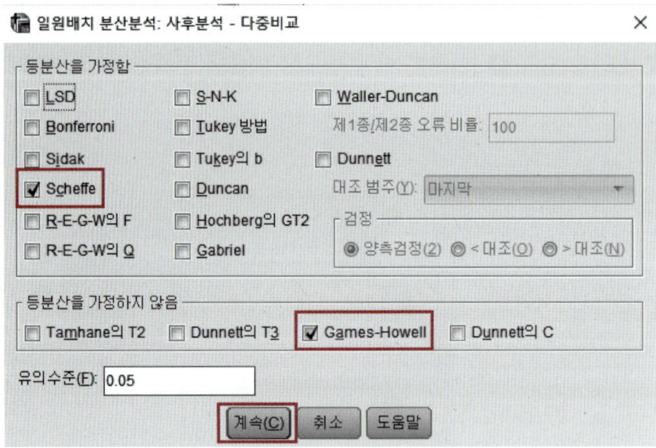

5 초기 일원배치분산분석 창의 [옵션]과 [사후분석]에서 필요한 정보를 모두 선택한 후 마지막으로 ❺ [확인]을 선택하면 일원배치분산분석 결과표를 제시한 출력 창이 활성화된다.

기술통계

우울

	N	평균	표준화 편차	표준화 오류	평균에 대한 95% 신뢰구간 하한	평균에 대한 95% 신뢰구간 상한	최소값	최대값
무학	1001	7.35	5.759	.182	6.99	7.70	0	33
초등학교	1470	6.10	5.442	.142	5.82	6.38	0	31
중학교	456	5.12	5.142	.241	4.64	5.59	0	26
고등학교	379	4.40	4.966	.255	3.89	4.90	0	25
대학교 이상	204	3.72	4.416	.309	3.11	4.33	0	24
전체	3510	6.01	5.501	.093	5.82	6.19	0	33

분산의 동질성 검정

		Levene 통계량	자유도1	자유도2	유의확률
우울	평균을 기준으로 합니다.	7.714	4	3505	.000
	중위수를 기준으로 합니다.	7.427	4	3505	.000
	자유도를 수정한 상태에서 중위수를 기준으로 합니다.	7.427	4	3491.237	.000
	절삭평균을 기준으로 합니다.	7.818	4	3505	.000

ANOVA

우울

	제곱합	자유도	평균제곱	F	유의확률
집단-간	4222.295	4	1055.574	36.280	.000
집단-내	101977.541	3505	29.095		
전체	106199.836	3509			

평균의 동질성 로버스트 검정

우울

	통계량[a]	자유도1	자유도2	유의확률
Welch	39.917	4	931.991	.000

a. 자동으로 F 분배합니다.

사후검정

다중비교

종속변수: 우울

Scheffe

(I) 교육수준	(J) 교육수준	평균차이(I-J)	표준화 오류	유의확률	95% 신뢰구간 하한	95% 신뢰구간 상한
무학	초등학교	1.243*	.221	.000	.56	1.92
	중학교	2.230*	.305	.000	1.29	3.17
	고등학교	2.951*	.325	.000	1.95	3.95
	대학교 이상	3.626*	.414	.000	2.35	4.90
초등학교	무학	-1.243*	.221	.000	-1.92	-.56
	중학교	.987*	.289	.020	.10	1.88
	고등학교	1.708*	.311	.000	.75	2.67
	대학교 이상	2.383*	.403	.000	1.14	3.62
중학교	무학	-2.230*	.305	.000	-3.17	-1.29
	초등학교	-.987*	.289	.020	-1.88	-.10
	고등학교	.720	.375	.449	-.44	1.88
	대학교 이상	1.396	.454	.051	.00	2.80
고등학교	무학	-2.951*	.325	.000	-3.95	-1.95
	초등학교	-1.708*	.311	.000	-2.67	-.75
	중학교	-.720	.375	.449	-1.88	.44
	대학교 이상	.675	.468	.721	-.77	2.12
대학교 이상	무학	-3.626*	.414	.000	-4.90	-2.35
	초등학교	-2.383*	.403	.000	-3.62	-1.14
	중학교	-1.396	.454	.051	-2.80	.00
	고등학교	-.675	.468	.721	-2.12	.77

*. 평균차이는 0.05 수준에서 유의합니다.

동질적 부분집합

우울

Scheffe[a,b]

교육수준	N	유의수준 = 0.05에 대한 부분집합 1	2	3	4
대학교 이상	204	3.72			
고등학교	379	4.40	4.40		
중학교	456		5.12	5.12	
초등학교	1470			6.10	
무학	1001				7.35
유의확률		.488	.419	.119	1.000

동질적 부분집합에 있는 집단에 대한 평균이 표시됩니다.

a. 조화평균 표본크기 438.107을(를) 사용합니다.

b. 집단 크기가 동일하지 않습니다. 집단 크기의 조화평균이 사용됩니다. I 유형 오차 수준은 보장되지 않습니다.

결과 설명 앞서 출력창의 일원배치분산분석 결과를 설명하면 다음과 같다.

기술통계 [기술통계]는 교육수준에 따른 우울에 대한 N(유효표본), 평균, 표준편차, 표준오차, 평균에 대한 95% 신뢰구간(하한값, 상한값), 최소값, 최대값 등 분석결과가 제공된다. 무학부터 대학교 이상까지의 우울 평균을 비교해보면 평균 점수가 나타나고 있다. 무학은 7.35점, 초등학교은 6.10점, 중학교 5.12점, 고등학교 4.40점, 대학교 이상 3.72점 등으로 학력이 높아질수록 우울이 낮아지는 것으로 나타나고 있다. 단순히 이런 점수가 나타났다고 해서 집단의 차이가 있다고 판단하기에는 무리가 있다. 이어서 분산의 동질성 검정은 무학부터 대학교 이상까지 5개 집단에 대한 분산이 동질한지 살펴보기 위한 분석이다.

기술통계

우울

	N	평균	표준화 편차	표준화 오류	평균에 대한 95% 신뢰구간 하한	상한	최소값	최대값
무학	1001	7.35	5.759	.182	6.99	7.70	0	33
초등학교	1470	6.10	5.442	.142	5.82	6.38	0	31
중학교	456	5.12	5.142	.241	4.64	5.59	0	26
고등학교	379	4.40	4.966	.255	3.89	4.90	0	25
대학교 이상	204	3.72	4.416	.309	3.11	4.33	0	24
전체	3510	6.01	5.501	.093	5.82	6.19	0	33

분산의 동질성 검정 [분산의 동질성 검정]은 Levene 통계량, 자유도1, 자유도2, 유의확률의 결과가 제공된다. [평균을 기준으로 합니다] 결과를 살펴보면, Levene 통계량이 7.714로 유의확률은 .000으

로 나타났다. 이는 등분산을 만족하지 않고 이분산인 것으로 볼 수 있다. 이때는 일반적인 일원배치 분산분석이 아닌 Welch 방법을 통한 일원배치 분산분석이 진행되어야 한다. 만약, 반대로 분산의 동질성 검정에서 [평균을 기준으로 합니다]에서 Levene 통계량의 유의확률이 .050(p>.05)보다 크게 나타난다면 일반적인 일원배치 분산분석을 진행하면 된다.

분산의 동질성 검정

		Levene 통계량	자유도1	자유도2	유의확률
우울	평균을 기준으로 합니다.	7.714	4	3505	.000
	중위수를 기준으로 합니다.	7.427	4	3505	.000
	자유도를 수정한 상태에서 중위수를 기준으로 합니다.	7.427	4	3491.237	.000
	절삭평균을 기준으로 합니다.	7.818	4	3505	.000

ANOVA [ANOVA]는 집단-간, 집단-내, 합계의 제곱합, df(자유도), 평균 제곱, F, 유의확률의 결과를 제공한다. 분산의 동질성 검정에서 등분산으로 결과가 나타났을 경우 가장 먼저 확인해야 할 것은 F값과 유의확률이다. 본 분석에서는 F값의 경우 36.280, 유의확률(p)은 .000으로 나타나 교육수준 집단 간에 차이가 있는 것으로 나타났다. 이러한 결과만으로 연구가설을 채택하기에는 이르다. 그렇기에 Scheffe 방법을 사용한 사후검정을 통하여 과연 어떤 집단들 사이에서 통계적 유의성이 있는지 추가적으로 찾아보는 것이 필요하다. 일원배치 분산분석에서 F값이 유의하지 않게 나타났다면 (p>.05), 즉, 집단 간 차이가 없다는 영가설이 채택된다면 사후분석 결과를 해석할 필요도 없이 다른 연구가설을 설정할 필요가 있다. 하지만, 연구가설을 채택한다고 할 수 있는 F값이 유의하게 나타났다면 이후 사후분석 결과를 해석해야 한다.

ANOVA

우울

	제곱합	자유도	평균제곱	F	유의확률
집단-간	4222.295	4	1055.574	36.280	.000
집단-내	101977.541	3505	29.095		
전체	106199.836	3509			

평균의 동질성 로버스트 검정 분산의 동질성 검정에서 등분산이 아닌 이분산으로 결과가 나타났을 경우 가장 먼저 확인해야 할 것은 [평균의 동질성 로버스트 검정]을 살펴보아야 한다. Welch 방법의 통계량은 39.917, 유의확률은 .000으로 바로 사후분석을 실시해 결과를 해석해야 한다. 이때는 Games-Howell방법을 통한 사후분석 결과를 해석해야 한다.

평균의 동질성 로버스트 검정

우울

	통계량[a]	자유도1	자유도2	유의확률
Welch	39.917	4	931.991	.000

a. 자동으로 F 분배합니다.

사후검정 Scheffe나 Games-Howell의 [사후검정] 표는 (I)교육수준, (J)교육수준, 평균차(I-J), 표준오차, 유의확률, 95% 신뢰구간(하한값, 상한값) 등을 보여준다. (I)교육수준의 경우 기준 항목이 되고, (J)교육수준의 경우 기준 특성에 비교 항목이 된다. 그에 대한 평균차이를 제시한 것이 평균차(I-J)로 평균차이 값 앞에 마이너스 부호(음의 부호)가 있는 것보다 양수 값인 것을 위주로 유의확률을 살펴보는 것이 필요하다. 이때, 유의확률은 첫 번째 I교육수준과 두 번째 J교육수준의 차이가 통계적으로 유의한 차이가 있는지 살펴보기 위한 수치가 된다.

사후검정

다중비교

종속변수: 우울

Scheffe

(I) 교육수준	(J) 교육수준	평균차이(I-J)	표준화 오류	유의확률	95% 신뢰구간 하한	95% 신뢰구간 상한
무학	초등학교	1.243*	.221	.000	.56	1.92
	중학교	2.230*	.305	.000	1.29	3.17
	고등학교	2.951*	.325	.000	1.95	3.95
	대학교 이상	3.626*	.414	.000	2.35	4.90
초등학교	무학	-1.243*	.221	.000	-1.92	-.56
	중학교	.987*	.289	.020	.10	1.88
	고등학교	1.708*	.311	.000	.75	2.67
	대학교 이상	2.383*	.403	.000	1.14	3.62
중학교	무학	-2.230*	.305	.000	-3.17	-1.29
	초등학교	-.987*	.289	.020	-1.88	-.10
	고등학교	.720	.375	.449	-.44	1.88
	대학교 이상	1.396	.454	.051	.00	2.80
고등학교	무학	-2.951*	.325	.000	-3.95	-1.95
	초등학교	-1.708*	.311	.000	-2.67	-.75
	중학교	-.720	.375	.449	-1.88	.44
	대학교 이상	.675	.468	.721	-.77	2.12
대학교 이상	무학	-3.626*	.414	.000	-4.90	-2.35
	초등학교	-2.383*	.403	.000	-3.62	-1.14
	중학교	-1.396	.454	.051	-2.80	.00
	고등학교	-.675	.468	.721	-2.12	.77

*. 평균차이는 0.05 수준에서 유의합니다.

5) 분석결과를 서지정보에 맞춰 작성하기

〈표 3-10〉 노인의 우울과 교육수준에 대한 일원분산분석 (N = 3,511)

변인	*n*	*M*	*SD*	Welch's F	사후검정 (Games-Howell)
무학a	1,001	7.35	5.759	39.917***	a>b***, a>c*** a>d***, a>e*** b>c**, b>d*** b>e***, c>e**
초등학교b	1,470	6.10	5.442		
중학교c	456	5.12	5.142		
고등학교d	379	4.40	4.966		
대학교 이상e	204	3.72	4.416		
합계	3,510	6.01	5.501		

†*$p<.05$, **$p<.01$, ***$p<.001$.

'교육수준에 따라 우울의 차이가 있을 것이다'라는 연구가설을 검정하기 위해 일원분산분석(ANOVA)을 실시하였다. 분석결과는 〈표 3-10〉과 같다. 분산의 동질성 검정에서 유의확률이 Levene 통계량의 경우 7.714, p<.001으로 나타나 등분산이 아닌 이분산으로 나타났다. 이 평균의 동질성이 확보되지 않은 경우에는 Welch를 이용한 일원배치 분산분석을 실시하여야 한다. 이때 평균의 동질성 로버스트 검정에서는 차이가 있는 것으로 나타났다(F(df1, df2)=39.917(4, 931.991)***). 사후분석 결과 교육수준에 따른 우울은 유의한 영향이 있는 것으로 나타났다.

7. 이원분산분석(Two-way ANOVA)

1) 이원분산분석의 개념

이원분산분석은 하나의 종속변수에 대해 2개의 독립변수가 가지는 변량분석을 말한다. 예를 들어 독립변수 2개(범주형 변수)는 인구학적 배경 변수나, 집단 구분을 한 번

수 등이 될 수 있고, 종속변수 1개(연속형 변수)는 우울이나 자아존중감과 같은 연속형 변수가 될 수 있다. 이러한 이원분산분석은 각각의 독립변수에 대한 종속변수의 차이를 검증하는 부분(주효과(main effect)라 불림)과 2개의 독립변수의 상호작용(상호작용 효과(interaction effect)로 불림)으로 인한 종속변수의 차이를 검증하는 부분으로 구성된 분석이다. 박광배(2000)는 이원분산분석의 핵심은 상호작용효과를 산출하는 것이 중요하며, 각각의 독립변수로 이원분산분석을 사용하는 것은 의미가 없다고 주장하였다.

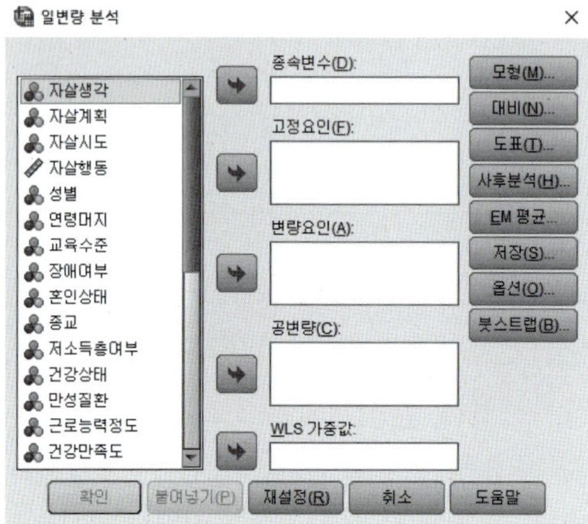

2) 기본가정

이원분산분석은 5가지 기본규정을 가진다. 첫째, 각 집단에 해당되는 모집단의 분포는 정규분포가 되어야 한다(정규성 가정). 둘째, 각 모집단 내의 오차나 모집단 간의 오차는 서로 독립적이어야 한다(독립성 가정). 셋째, 변량의 동질성 가정, 넷째, 동일사례수 가정, 다섯째, 명목/서열척도인 2개의 독립변수, 등간/비율척도인 1개의 종속변수를 가진다는 것이다.

3) 연구가설

다음 분석 노인의 성별(도시, 농촌)에 따른 우울의 차이, 지역에 따른 우울의 차이, 성별과 지역의 상호작용에 따른 우울의 차이에 대해서 확인해보는 것이다. 이를 분석하기 위해 이원변량분석을 실시하였으며, 다음과 같은 연구가설과 귀무가설을 정리해 놓았다.

연구가설 1 "성별에 따라 우울에 차이가 있을 것이다"

귀무가설 1 "성별에 따라 우울에 차이는 없을 것이다"

연구가설 2 "지역에 따라 우울에 차이가 있을 것이다"

귀무가설 2 "지역에 따라 우울에 차이가 없을 것이다"

연구가설 3 "성별과 지역의 상호작용에 따라 우울에 차이가 있을 것이다"

귀무가설 3 "성별과 지역의 상호작용에 따라 우울에 차이가 없을 것이다"

4) 분석절차

분석예시파일	도문학 SPSS DATA.SAV

> 이원배치분산분석(Two-way ANOVA)을 연습하기 위해서는 '도문학 SPSS DATA.sav' 파일이 필요해요.

1 데이터 편집기 창에서 데이터를 불러온 후 ❶ [분석(A)] → ❷ [일반선형모형(G)] → ❸ [일변량(U)]을 선택한다.

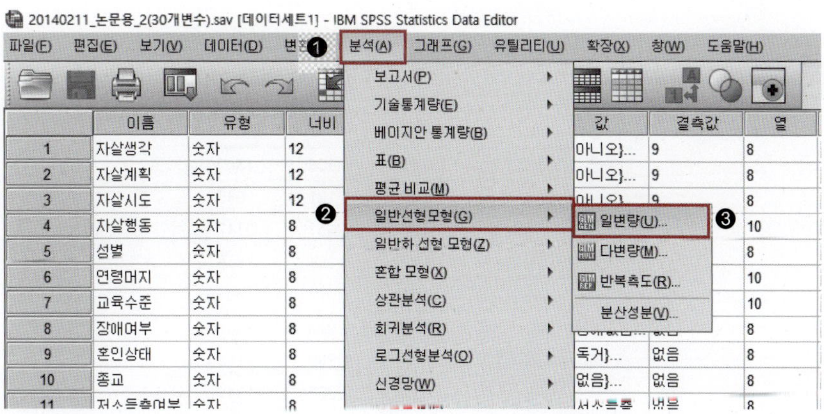

2 ❶ 종속변수인 우울은 종속변수에 추가하고, ❷ 독립변수인 성별과 교육수준은 고정요인에 추가한 뒤 ❸ [옵션]의 [기술통계량]을 선택한 후 ❹ [확인]을 누른다.

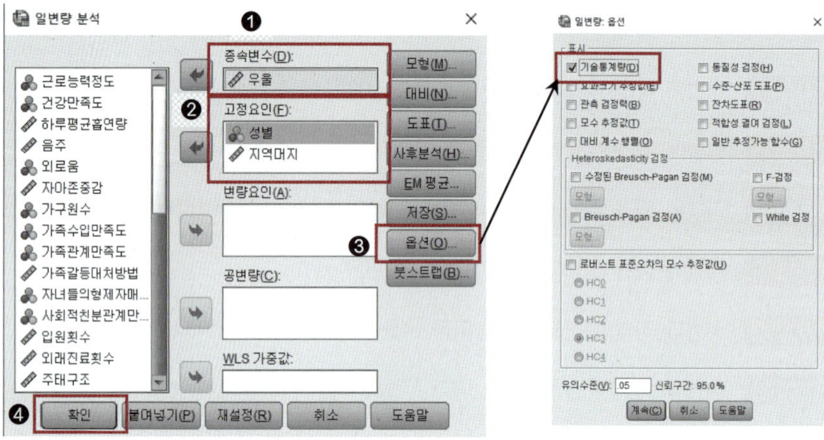

3 이원분산분석이 끝나면 분석 결과표를 제시한 출력결과 창이 활성화된다.

일변량 분산분석

개체-간 요인

		값 레이블	N
성별	0	여성	2147
	1	남성	1363
지역머지	0	도시	2161
	1	농촌	1349

기술통계량

종속변수: 우울

성별	지역머지	평균	표준편차	N
여성	도시	6.99	5.928	1302
	농촌	6.47	5.191	845
	전체	6.79	5.653	2147
남성	도시	4.77	5.354	859
	농촌	4.79	4.377	504
	전체	4.78	5.013	1363
전체	도시	6.11	5.808	2161
	농촌	5.84	4.968	1349
	전체	6.01	5.501	3510

개체-간 효과 검정

종속변수: 우울

소스	제 III 유형 제곱합	자유도	평균제곱	F	유의확률
수정된 모형	3516.027[a]	3	1172.009	40.017	.000
절편	103937.272	1	103937.272	3548.798	.000
성별	2999.104	1	2999.104	102.400	.000
지역머지	48.709	1	48.709	1.663	.197
성별 * 지역머지	56.572	1	56.572	1.932	.165
오차	102683.809	3506	29.288		
전체	232848.000	3510			
수정된 합계	106199.836	3509			

a. R 제곱 = .033 (수정된 R 제곱 = .032)

결과 설명 앞서 출력창의 이원분산분석 결과를 설명하면 다음과 같다.

개체-간 요인 [개체-간 요인]은 각 변수에 해당하는 케이스의 수를 확인할 수 있다. 성별에서 여성은 2,147명, 남성이 1,363명이었으며, 지역에 도시는 2,161명, 농촌은 1,349명이 응답한 것으로 나타났다.

개체-간 요인

		값 레이블	N
성별	0	여성	2147
	1	남성	1363
지역머지	0	도시	2161
	1	농촌	1349

기술통계량 [기술통계량]은 총 4집단(여성&도시, 여성&농촌, 남성&도시, 남성&농촌)의 우울의 평균값(M), 표준편차(SD), 케이스(N)가 제시되어 있다.

기술통계량

종속변수: 우울

성별	지역머지	평균	표준편차	N
여성	도시	6.99	5.928	1302
	농촌	6.47	5.191	845
	전체	6.79	5.653	2147
남성	도시	4.77	5.354	859
	농촌	4.79	4.377	504
	전체	4.78	5.013	1363
전체	도시	6.11	5.808	2161
	농촌	5.84	4.968	1349
	전체	6.01	5.501	3510

개체-간 효과 검정 [개체-간 효과 검정] 결과를 통해 연구자가 설정한 연구가설의 채택여부를 살펴볼 수 있다. 구체적 표를 살펴보면, ❶ 성별에 따라 우울의 차이가 있다(F=102.400, p<.001)는 연구가설은 채택되었고, ❷ 지역에 따라 우울의 차이가 있다(F=1.663, p>.05)는 연구가설이 기각되었음을 확인할 수 있다. 그리고 ❸ 성별*지역의 상호작용효과에서는 통계적으로 유의한 차이는 나타나지 않아 연구가설은 기각되고 귀무가설은 채택되었다(F=1.932, p>.05).

개체-간 효과 검정

종속변수: 우울

	소스	제 III 유형 제곱합	자유도	평균제곱	F	유의확률
	수정된 모형	3516.027[a]	3	1172.009	40.017	.000
	절편	103937.272	1	103937.272	3548.798	.000
❶	성별	2999.104	1	2999.104	102.400	.000
❷	지역머지	48.709	1	48.709	1.663	.197
❸	성별 * 지역머지	56.572	1	56.572	1.932	.165
	오차	102683.809	3506	29.288		
	전체	232848.000	3510			
	수정된 합계	106199.836	3509			

a. R 제곱 = .033 (수정된 R 제곱 = .032)

5) 분석 결과를 서지정보에 맞춰 작성하기

〈표 3-11〉 성별과 지역에 따른 우울의 이원분산분석 결과 (N=3,511)

변수명	제곱합	자유도	평균제곱	*F*
수정모형	3,516.027	3	1,172.009	40.017***
절편	103,937.272	1	103,937.272	3,548.798***
성별(A)	2,999.104	1	2,999.104	102.400***
지역(B)	48.709	1	48.709	1.663
성별*지역(A*B)	56.572	1	56.572	1.932
오차	102,683.809	3,506	29.288	
합계	232,848.000	3,510		

*** *p*<.001.

성별(남성, 여성)과 지역(도시, 농촌)에 따른 우울의 이원분산분석의 결과를 〈표 3-11〉에 제시하였다. 주효과 분석을 살펴보면, 먼저 성별에 따라 우울에 차이가 있을 것이라는 연구가설을 지지하였다(F(df)=102.400(1), p<.001). 다음으로 지역에 따라 우울에 차이가 있다는 연구가설은 기각하였다(F(df)=1.663(1), p>.05). 다음으로 성별과 지역의 상호작용효과를 살펴본 결과, 연구가설 3은 기각하였다(F(df)=56.572(1), p>.05).

8. 공변량 분석(ANCOVA)

1) 공변량 분석의 개념

공변량 분석(Analysis of Covariance, ANCOVA)은 종속변수에 영향을 미치는 가외변수 즉, 공변인(Covariance)을 통제한 후, 독립변수의 영향력을 검증하는 통계분석방법이다. 공변인(가외변수)는 독립변수와 마찬가지로 종속변수에 영향을 미치지만, 연구대상에서는 제외되는 변수를 말한다. 공변인은 독립변수가 종속변수에 영향을 미칠 때 독립변수와 종속변수의 관계에 영향을 미치기에 그 공변인의 영향을 통제해야 종속변수에 대한 독립변수의 순수 영향력이 검증될 수 있다.

공변량 분석으로 연구를 진행한 논문 2편(김요한 외, 2012; 김윤희, 2011)과 공변량 분석에 대한 설명을 한 통계서적 2권(박광배, 2008; 이명천, 김요한, 2013)에서 사용한 변수들을 정리한 결과를 〈표 3-12〉에 제시하였다. 박광배(2008)는 사전 동공크기, 김윤희(2011)는 사전흡연태도, 김요한 외(2012)은 관여도, 이명천과 김요한(2013)은 사전성적을 공변인으로 설정하여 공변량 분석을 진행하였다. 공변인 변수를 선정하는 이유는 독립변수와 높은 상관관계를 가지지만, 연구에서 이론적으로 사용하고자 하는 변수가 아니거나 연구설계상 어쩔 수 없이 변수들에 영향을 미치는 요인(예를 들어 사전사후 반복측정 실험설계에서 사전 점수의 수준이 사후 점수 발현에 미치는 영향)이기에 그 영향력을 통제하여 분석하는 것이다.

〈표 3-12〉 공변량 분석을 사용한 선행연구의 변수 목록

연구자(연도)	종속변수	독립변수	공변인
박광배(2008)	사후 동공크기	포르노그래피	사전 동공크기
김윤희(2011)	사후흡연태도	흡연태도, 흡연유혹	사전흡연태도
김요한 외(2012)	판촉태도	시간적 거리감, 판촉유형	관여도
이명천, 김요한(2013)	사후 성적	교육방법	사전 성적

2) 기본가정

공변량 분석을 실시하기 전에 3가지의 기본가정을 고려하는 것이 중요하다. 첫째, ANOVA와 같이 독립변수는 범주형 변수, 종속변수는 연속형 변수여야 한다. 둘째, 공변인은 연속형 변수가 되어야 한다. 셋째, 공변인은 종속변수와 선형적 상관관계가 있어야 한다.

3) 연구가설

공변량 분석을 실시할 때 적절한 연구가설을 세우는 것이 필요한데, 이명천과 김요한(2013)이 제시한 연구가설형태가 적절한 것으로 보인다. "공변인의 효과를 통제한 후, 집단 간 평균차이가 있다고 설명한다"이다. 실제로 김윤희(2011)는 "청소년의 흡연태도에 대한 담배광고 비판교육의 효과는 사후흡연태도에 영향을 줄 수 있는 사전 관찰 값들을 통제한 후에도 유의할 것이다."고 설정하였다. 가외변수인 공변인을 통제한 뒤의 종속변수의 변화치를 비교한다는 설명이 공변량 분석을 사용하는 연구의 연구가설에서 필요하다.

4) 분석절차

분석예시파일	김윤희 SPSS DATA.SAV

> 공변량 분석(ANCOVA)을 연습하기 위해서는 '김윤희 SPSS DATA.sav' 파일이 필요해요.

1 데이터 편집기 창에서 데이터를 불러온 후 ❶ [분석(A)] → ❷ [일반선형모형(G)] → ❸ [일변량(U)]을 선택한다.

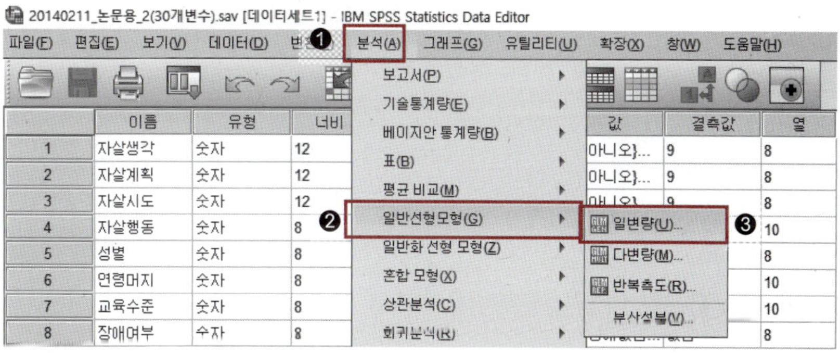

2 종속변수인 '사후흡연태도'를 ❶ 종속변수로 이동시키고, 독립변수인 '권하는 담배를 거절하기 힘들 때'를 ❷ 고정요인으로 이동시킨다. '사전흡연태도'를 ❸ 공변량으로 이동시킨 후, ❹ [EM평균]과 ❺ [옵션]에서 필요한 내용을 선택한 후 마지막에 ❻ [확인]을 선택한다.

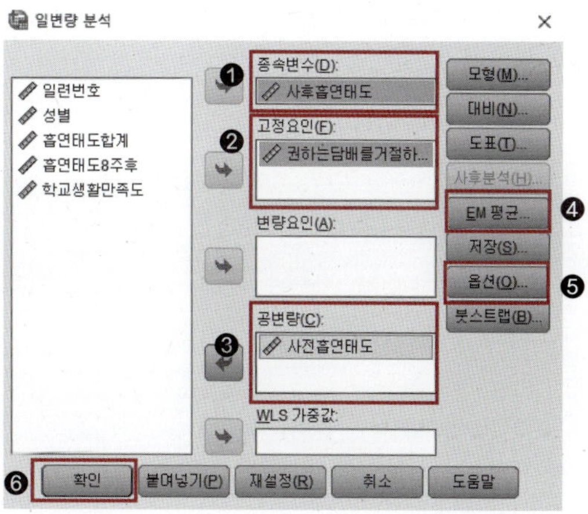

3 [EM평균] 창에 변수인 '권하는 담배를 거절하기 힘들 때'를 ❼ 평균 표시 기준으로 이동한 후 ❽ [계속]을 선택한다.

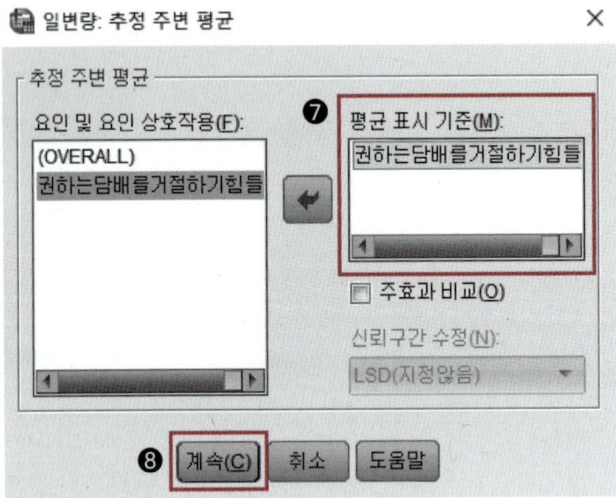

4 옵션 창에서 ❾ 표시에 [기술통계량]을 체크한 후 ❿ [계속]을 선택한다.

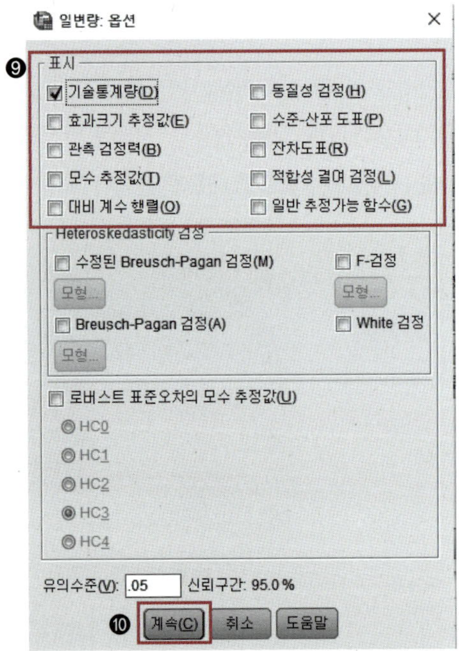

5 초기 일변량 분석 창의 [EM평균]과 [옵션]에서 필요한 정보를 모두 선택한 후 마지막으로 ❻ [확인]을 선택하면 공변량 분석 결과표를 제시한 출력결과 창이 활성화된다.

개체-간 요인

		값 레이블	N
권하는담배를거절하기힘들때	.00	전혀유혹되지않는다	26
	1.00	그다지유혹되지않는다	21
	2.00	적당히유혹된다	6
	3.00	매우유혹된다	1
	4.00	대단히유혹된다	1

기술통계량

종속변수: 사후흡연태도

권하는담배를거절하기힘들때	평균	표준편차	N
전혀유혹되지않는다	5.4615	7.52718	26
그다지유혹되지않는다	13.1429	8.70222	21
적당히유혹된다	16.0000	9.20869	6
매우유혹된다	30.0000	.	1
대단히유혹된다	33.0000	.	1
전체	10.4909	9.84109	55

개체-간 효과 검정

종속변수: 사후흡연태도

소스	제 III 유형 제곱합	자유도	평균제곱	F	유의확률
수정된 모형	3975.230[a]	5	795.046	31.054	.000
절편	142.336	1	142.336	5.559	.022
사전흡연태도	2100.518	1	2100.518	82.044	.000
권하는담배를거절하기힘들때	290.992	4	72.748	2.841	.034
오차	1254.515	49	25.602		
전체	11283.000	55			
수정된 합계	5229.745	54			

a. R 제곱 = .760 (수정된 R 제곱 = .736)

추정 주변 평균

권하는담배를거절하기힘들때

종속변수: 사후흡연태도

권하는담배를거절하기힘들때	평균	표준오차	95% 신뢰구간 하한	95% 신뢰구간 상한
전혀유혹되지않는다	8.182[a]	1.037	6.099	10.266
그다지유혹되지않는다	12.469[a]	1.107	10.245	14.693
적당히유혹된다	10.935[a]	2.140	6.634	15.235
매우유혹된다	16.904[a]	5.262	6.328	27.479
대단히유혹된다	19.904[a]	5.262	9.328	30.479

a. 모형에 나타나는 공변량은 다음 값에 대해 계산됩니다.: 사전흡연태도 = 10.2364.

결과 설명 앞서 출력창의 공변량 분석 결과를 설명하면 다음과 같다.

개체-간 요인 [개체-간 요인]은 권하는 담배를 거절하기 힘들 때 변수에 해당하는 케이스 수를 확인할 수 있다. 전혀 유혹되지 않는다가 26명, 그다지 유혹되지 않는다가 21명, 적당히 유혹된다 6명, 매우 유혹된다와 대단히 유혹된다가 각 1명으로 나타났다.

개체-간 요인

		값 레이블	N
권하는담배를거절하기힘들때	.00	전혀유혹되지않는다	26
	1.00	그다지유혹되지않는다	21
	2.00	적당히유혹된다	6
	3.00	매우유혹된다	1
	4.00	대단히유혹된다	1

기술통계량 [기술통계량]은 전혀 유혹되지 않는다부터 대단히 유혹된다까지 5개 계층의 사후흡연태도의 평균값(M), 표준편차(SD), 케이스(N)가 제시되어 있다.

개체-간 효과 검정

종속변수: 사후흡연태도

소스	제 III 유형 제곱합	자유도	평균제곱	F	유의확률
수정된 모형	3975.230[a]	5	795.046	31.054	.000
절편	142.336	1	142.336	5.559	.022
사전흡연태도	2100.518	1	2100.518	82.044	.000
권하는담배를거절하기힘들때	290.992	4	72.748	2.841	.034
오차	1254.515	49	25.602		
전체	11283.000	55			
수정된 합계	5229.745	54			

a. R 제곱 = .760 (수정된 R 제곱 = .736)

개체-간 효과 검정 [개체-간 효과 검정] 결과를 통해 사전흡연태도(F(1)=82.044, p<.001)는 반드시 통제되어야 함을 보여주고 있다. 사전흡연태도를 통제 후 권하는 담배를 거절하기 힘들 때 결과를 살펴보면 F(4)=2.841, p<.05 수준에서 통계적으로 유의한 것으로 나타났다.

개체-간 효과 검정

종속변수: 사후흡연태도

소스	제 III 유형 제곱합	자유도	평균제곱	F	유의확률
수정된 모형	3975.230[a]	5	795.046	31.054	.000
절편	142.336	1	142.336	5.559	.022
사전흡연태도	2100.518	1	2100.518	82.044	.000
권하는담배를거절하기힘들때	290.992	4	72.748	2.841	.034
오차	1254.515	49	25.602		
전체	11283.000	55			
수정된 합계	5229.745	54			

a. R 제곱 = .760 (수정된 R 제곱 = .736)

5) 분석결과를 서지정보에 맞춰 작성하기

〈표 3-13〉 공변량 분석 결과

분산원	*SS*	*df*	*SM*	*F*
수정모형	3975.230	5	795.046	31.054***
절편	142.336	1	142.336	5.559*
사전흡연태도(공변인)	2100.518	1	2100.518	82.044***
담배유혹어려움	290.992	4	72.748	2.841*
오차	1254.515	49	25.602	-
합계	11283.000	55	-	-
수정합계	5229.745	54	-	-

*p〈.05, ***p〈.001.

주. *SS*: 제 Ⅲ유형 제곱합, *df*: 자유도, *SM*: 평균제곱

공변량 분석의 분석을 살펴본 결과를 〈표 3-13〉에 제시하였다. 사전흡연태도가 사후흡연태도에 미치는 영향은 통계적으로 유의했다(F(1)=82.044, p〈.001). 이러한 결과는 공변인인 사전흡연태도가 종속변수인 사후흡연태도에 미치는 영향이 통계적으로 유의했다는 것을 의미하는 동시에 반드시 분석에서 통제해야 하는 변수임을 의미한다. 그리고 사전흡연태도를 통제한 후에도 '담배유혹의 어려움' 변수는 사후흡연태도에 유의한 차이를 보이고 있었다(F(4)=2.841, p〈.05).

9. 상관관계 분석

1) 상관관계 분석의 개념

상관관계 분석은 두 개의 변인 간에 서로 일정한 공통변량이 있는지를 검정하는 통계기법이다. 만약 연구자가 오직 두 개의 연속형 변인 사이의 상관관계를 분석한다면

단순상관관계(Simple Correlation)이라고 한다. 세 개 이상의 연속형 변인들 중에서 두 개씩 상관관계를 검증하는 것을 다중상관관계(Multiple Correlation)라 한다.

이러한 상관관계 분석을 통해 나타난 결과로는 연구가설로 제시한 원인과 결과라는 즉 독립변수, 종속변수라는 이론적인 인과관계를 증거할 수는 없는 것임을 기억해야 한다. 상관관계가 통계적으로 유의하다는 것은 두 변수가 통계적으로 유의한 공통변량을 갖는다는 것을 의미하는 것이며, 나아가 그 공통변량이 두 변수 간의 어떠한 특정한 관계(예를 들어 선형관계, 또는 더 나아가 인과관계)를 의미하는 것인지는 모집단상의 두 변수에 대한 관계(즉 현상)에 대한 이론적 주장과 해석에 달려 있다.

상관관계 해석 상관관계의 정도를 해석에 대한 내용을 〈표 3-14〉에 제시하였다. 상관관계의 정도(크기)에 대한 해석은 사회과학의 전통에 따라 주장되고 확립된 경험적 기준이며, 일반적으로 r이 .20 미만일 경우 상관관계정도가 매우 미미하고 무시할 수도 있지만, 반면, 변수와 변수 간의 독립성이 확실하다는 의미를 가지기도 한다. r이 .20에서 .40일 경우 낮은 상관관계, r이 .40에서 .70일 경우 비교적 높은 상관관계, r이 .70에서 .90일 경우 높은 상관관계, r이 .90이상일 경우 매우 높은 상관관계로 해석할 수 있다. 기억해야 할 것은 상관관계의 크기는 두 변수의 모집단의 상관관계의 크기의 정도가 항상 고려되어야 한다는 것이다.

부연하면 모집단(일종의 자연상태)에서 어떤 두 변수의 상관관계의 크기가 .20이라고 표본에서 나온 두 변수의 상관관계 크기가 .25라고 분석되었을 때 이는 모집단의 상관관계와 유사한 크기를 보여주기에 이를 단순히 기계적으로 낮은 상관관계로 해석하는 것은 옳지 않다. 예를 들어 고양이의 몸무게와 키의 상관관계는 자연법칙상 일정한 상관관계 크기가 결정되어 있기에 표본에서 나온 상관관계의 크기 자체만을 기계적으로 해석하는 것은 무리가 있는 것이고, 한 사회의 교육수준과 임금소득의 상관관계 역시 그 사회의 정치사회경제적인 특징을 반영하는 것이기에 표본에서 나온 상관관계 크기를 〈표 3-14〉에서 제시한 기준에 따라 기계적으로 해석하는 것은 주의할 필요가 있다. 연구자는 표본에서 나온 변수간의 상관관계를 모집단이 가지고 있는 본래의 상관관계의 크기를 (일종의 진리값(true value)으로) 고려해야 한다.

〈표 3-14〉 상관관계 해석

r	해석
~.20	매우 미미하여 무시해도 좋음
.20~.40	낮은 상관관계
.40~.70	비교적 높은 상관관계
.70~.90	높은 상관관계
.90~	매우 높은 상관관계

상관관계 창 상관관계 창을 살펴보면 다음과 같다. ❶ 왼쪽에는 변수 목록이 있고, ❷ 오른쪽 상단 큰 영역의 흰색 박스의 변수는 상관관계 분석을 하고자 하는 변수를 추가한다. ❸ 상관계수는 어떤 상관계수를 사용해 분석할 것인지를 선택할 수 있다. 본 저서는 'Pearson'의 상관계수로 살펴보기로 한다. ❹ 유의성 검정은 '양측'검정으로 선택되어 있다. 이후 ❺ [옵션]을 선택해 필요한 정보를 체크한다.

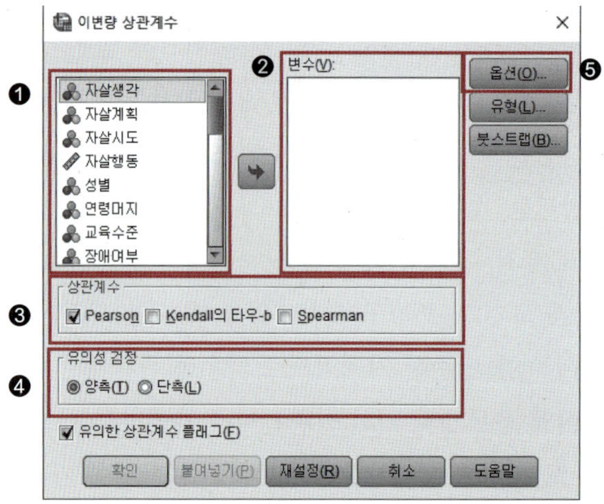

상관관계 창에서 ❺ [옵션]을 선택하면 다음과 같은 창이 실행된다.

통계량 통계량은 평균과 표준편차, 교차곱 편차와 공분산의 정도를 보여줄 수 있으므로 필요한 정보를 선택한다.

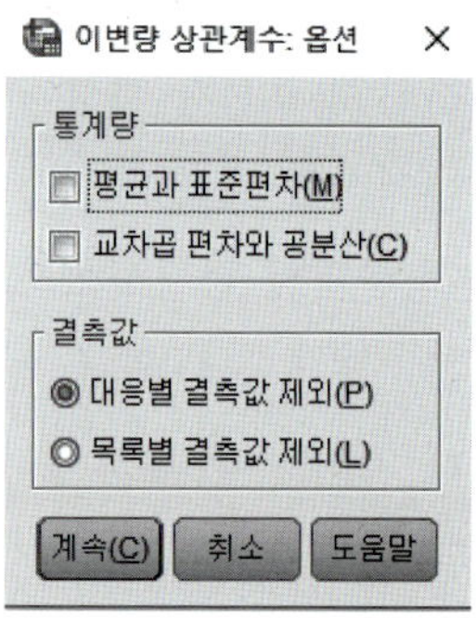

결측값 결측값은 응답하지 않은 값을 어떻게 처리할 것인지를 선택하는 것이다. [대응별 결측값 제외]와 [목록별 결측값 제외]의 선택사항이 있는데, [대응별 결측값 제외]가 기본적으로 선택되어 있다.

상관관계 수식 상관관계의 수식을 나타내면 〈표 3-15〉와 같다.

〈표 3-15〉 상관관계 수식

Pearson의 상관계수
$p=\dfrac{\sum_{i=1}^{n}(X_i-\overline{X})(Y_i-\overline{Y})}{(n-1)s_x s_y}$

$\overline{X}$: 첫 번째 변수에 대한 표본 평균
s_x : 첫 번째 변수에 대한 표준 편차
$\overline{Y}$: 두 번째 변수에 대한 표본 평균
s_y : 두 번째 변수에 대한 표준 편차

2) 기본가정

상관관계를 하기 위해서는 4가지의 기본가정을 한다. 첫째, 독립, 종속변인 구분 없이 연속형 변인 2개 이상의 경우 분석이 가능하다. 둘째, 상관관계의 유무는 p값으로 판단한다. 셋째, 상관관계의 정도는 상관계수 r의 절대값으로 판단한다. 넷째, 절대값 r이 0이면 관계없음, 1이면 완전한 관계이다.

3) 연구가설

상관관계분석을 실시하기 전에 설정한 연구가설은 다음과 같다.

연구가설 "자살사고, 계획, 시도는 소득, 장애, 건강상태, 가족체계 만족도와 상관이 있을 것이다."

4) 분석절차

상관관계를 연습하기 위해서는 '도문학 SPSS DATA.sav' 파일이 필요해요.

분석예시파일	도문학 SPSS DATA.SAV

1 데이터 편집기 창에서 데이터를 불러온 후 ❶ [분석(A)] → ❷ [상관분석(C)] → ❸ [이변량 상관(B)]의 순서로 클릭하면 다음과 같은 창이 뜬다.

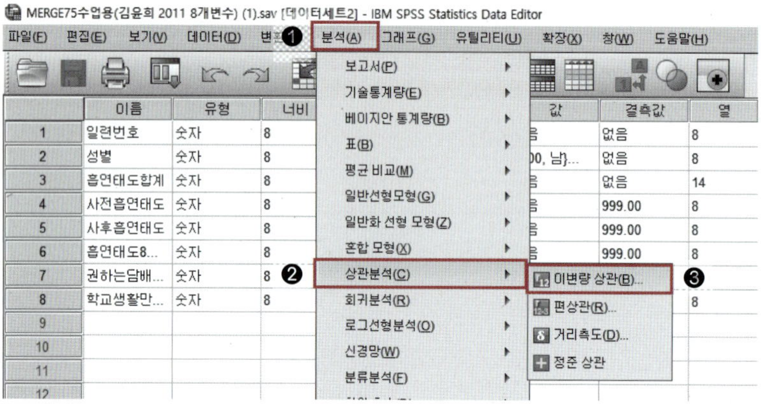

2 ❶ 앞서 확인하고자 하는 변수를 오른쪽 변수 칸으로 이동시킨다. 해당 이변량 상관계수 창에 ❷ [옵션] 버튼이 있는데, 통계량과 결측값을 제공한다. 하지만, 보통 상관관계 분석에서는 옵션을 체크하지 않고 그대로 분석을 진행하는 편이다. 필요한 정보를 모두 선택한 후 ❸ [확인]을 누른다.

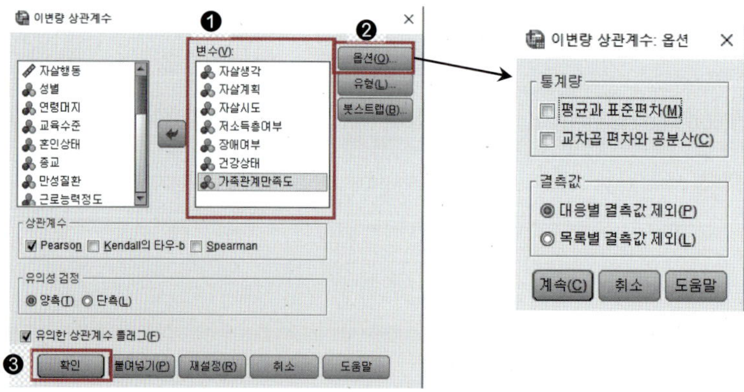

3 상관관계 분석이 끝나면 분석 결과를 제시한 출력결과 창이 활성화된다.

상관관계

		자살생각	자살계획	자살시도	저소득층여부	장애여부	건강상태	가족관계만족도
자살생각	Pearson 상관	1	.409**	.311**	-.076**	.036*	-.056**	-.174**
	유의확률 (양측)		.000	.000	.000	.033	.001	.000
	N	3511	3511	3511	3511	3511	3511	3511
자살계획	Pearson 상관	.409**	1	.569**	-.052**	-.020	-.017	-.133**
	유의확률 (양측)	.000		.000	.002	.235	.313	.000
	N	3511	3511	3511	3511	3511	3511	3511
자살시도	Pearson 상관	.311**	.569**	1	-.046**	.003	-.002	-.104**
	유의확률 (양측)	.000	.000		.006	.844	.889	.000
	N	3511	3511	3511	3511	3511	3511	3511
저소득층여부	Pearson 상관	-.076**	-.052**	-.046**	1	-.049**	.203**	.188**
	유의확률 (양측)	.000	.002	.006		.004	.000	.000
	N	3511	3511	3511	3511	3511	3511	3511
장애여부	Pearson 상관	.036*	-.020	.003	-.049**	1	-.142**	-.020
	유의확률 (양측)	.033	.235	.844	.004		.000	.245
	N	3511	3511	3511	3511	3511	3511	3511
건강상태	Pearson 상관	-.056**	-.017	-.002	.203**	-.142**	1	.135**
	유의확률 (양측)	.001	.313	.889	.000	.000		.000
	N	3511	3511	3511	3511	3511	3511	3511
가족관계만족도	Pearson 상관	-.174**	-.133**	-.104**	.188**	-.020	.135**	1
	유의확률 (양측)	.000	.000	.000	.000	.245	.000	
	N	3511	3511	3511	3511	3511	3511	3511

**. 상관관계가 0.01 수준에서 유의합니다(양측).

*. 상관관계가 0.05 수준에서 유의합니다(양측).

결과 설명 앞서 출력창의 상관관계 결과를 설명하면 다음과 같다.

상관관계 [상관관계] 표는 각 변수의 Pearson 상관, 유의확률, N(케이스)의 결과를 나타낸다. 자살생각 변수와 자살생각 변수는 똑같은 변수이기 때문에 Pearson 상관이 1인 것이다. 유의확률(p)은 .000으로 유의수준 .05보다 작아 통계적으로 유의한 것을 나타낸다. N은 자살생각과 자살계획을 모두 응답한 사람의 수(케이스)로 총 3,511명의 응답이 분석에 활용되었다.

		자살생각	자살계획
자살생각	Pearson 상관	1	.409**
	유의확률 (양측)		.000
	N	3511	3511

5) 분석결과를 서지정보에 맞춰 작성하기

〈표 3-16〉 자살생각, 자살계획, 자살시도와 자살요인의 상관관계

(N=3,511)

	자살생각	자살계획	자살시도	저소득층여부	장애여부	건강상태	가족관계 만족도
자살생각	1	-.409***	-.311***	-.076***	-.036*	-.056**	-.174***
자살계획		1	-.569***	-.052**	-.020	-.017	-.133***
자살시도			1	-.046**	-.003	-.002	-.104***
저소득층여부				1	-.049**	.203***	.188***
장애여부					1	-.142***	-.020
건강상태						1	-.135**
가족관계만족도							1

** p<.01, *** p<.001.

종속변수(자살생각, 자살계획, 자살시도), 일반적 특성변수(저소득층 여부, 장애여부), 생태체계변수(건강상태, 가족체계 만족도) 등 총 7개의 변수에 대한 관계에 대해 알아보는 다중상관관계 분석을 실시하였으며, 결과를 〈표 3-16〉에 제시하였다. 종속변수들 간의 상관관계를 살펴보면, 자살생각과 자살계획(r=.409, p<.001), 자살생각과 자살시도(r=.311, p<.001), 자살계획과 자살시도(r=.569, p<.001)의 상관관계는 모두 정적인 상관관계로 나타났다. 자살생각과 장애여부(r=.036, p<.05)는 정적 상관계수변수이고 부적인 상관관계변수는 저소득층여부(r=-.076, p<.001), 건강상태(r=-.056, p<.01), 건강상태(r=-.056, p<.01), 가족관계 만족도(r=-.174, p<.001)로 볼 수 있다. 둘째, 자살계획과 상관관계가 있다고 보고된 변수 중 부적인 상관관계 변수는 가족관계 만족도(r=-.133, p<.001)로 나타났다. 셋째, 자살시도와 상관관계가 있다고 보고된 변수 중 저소득층여부(r=-.046, p<.01), 가족관계 만족도(r=-.104, p<.001)가 부적 상관관계로 나타났다.

10. 회귀분석

1) 회귀분석의 개념

회귀분석(Regression Analysis)은 독립변수와 종속변수 사이의 특정한 함수 관계(가장 대표적인 예로 선형함수관계)를 검정하는 분석이며, 나아가 연구설계상 독립변수와 종속변수 간의 인과관계를 이론적으로 연구자가 상정하고 이를 검정하고자 사용하는 분석이다. 기억해야 할 것은 회귀분석 자체가 인과관계를 검증하는 통계방법이 아니라는 것이다. 회귀분석이 인과관계를 주장하기 위하여서는 두 변수 간의 인과관계를 주장할 때 갖추어야 하는 인과관계주장의 조건(독립변수와 종속변수 간의 시간 순서, 두 변수 간의 공변량, 독립변수의 변화가 종속변수의 변화를 만들어 내는 변화 기제, 인과관계를 보증하는 실험설계 등)들을 갖춘 데이터를 사용한 회귀분석이 제시되어야 한다.

회귀분석을 실시하는 목적은 크게 두 가지로 볼 수 있다. 첫째는 최적의 회귀식(회귀방정식 또는 회귀모형)을 도출해 독립변수의 변량으로 종속변수의 변량을 설명하고자 하는 것이다. 이러한 회귀식이 만들어지면 우리는 독립변수를 통하여 종속변수를 예측할 수 있게 된다. 여기서 종속변수를 예측한다는 것은 독립변수상의 한 점수가 주어졌을 때 도출된 회귀식을 이용하여(일정한 오차가 있지만) 독립변수의 점수에 대응하는 종속변수상의 한 점수를 추정할 수 있다는 것이다. 즉 통계적으로 유의한 회귀식을 통하여 자료에 있는 한 사례의 독립변수 값을 알고 있을 때 우리는 그 사례의 종속변수 값을 말할 수 있다는 것이다. 회귀분석의 두 번째 목적은 종속변수(Y)에 미치는 독립변수(X)의 상대적 영향력(β)을 분석하는 것이다. 예를 들어 선형회귀방정식이 분석되어졌을 때 그 선형회귀방정식은 종속변수(Y)와 독립변수(X) 간의 선형함수 방정식($Y=\alpha+\beta X+\epsilon$)으로 표현될 것이고, 이 때 β는 X값에 따라 변화는 Y값의 정도를 나타나게 되고 우리는 이를 종속변수(Y)에 대한 독립변수(X)의 영향력으로 해석하게 된다. 즉 값이 작으면 독립변수(X)가 종속변수(Y)에 미치는 영향이 작게 되고 값이 크면 독립변수(X)가 종속변수(Y)에 미치는 영향이 큰 것이다(β가 클수록 X값에 따라 Y값이 그 만큼 크게 변화하게 되기 때문이다).

기본적인 회귀분석에서 종속변수는 연속형 변수가 되어야 하고(종속변수가 연속변수가 아닌 경우 우리는 특수한 형태의 회귀분석을 사용한다. 예를 들어 종속변수가 명목변수인 경우(로지스틱 회귀분석을 사용한다), 독립변수 역시 연속형 변수가 되어야 한다(독립변수가 명목변수일 때 그 변수를 더미변수로 만들어 사용할 수 있다). 또한 기본적인 회귀분석에서는 독립변수는 1개 이상, 종속변수는 1개만이 사용되는데, 독립변수가 1개, 종속변수가 1개일 경우에는 단순회귀분석(Simple Regression Analysis)이라 불리며 독립변수가 2개 이상일 경우 다중회귀분석(Multiple Regression Analysis)라 부른다. 특히, 다중회귀분석을 실시하기에 앞서 독립변수들 간의 상관관계를 확인하는 상관관계분석 과정을 거칠 필요가 있다. 독립변수들 사이에서 상관관계분석을 실시해 r값이 높은 변수를 확인하는 것이다. 왜냐하면, 높은 상관관계로 인해서 한 변인의 설명력이 다른 변인에 의해 흡수되어 버리기 때문에, 이를 통제해야 할 필요성이 있다. 이를 다중공선성(Multicollinearity)이라고 한다.

회귀분석 모형 〈표 3-17〉은 회귀분석 모형을 행렬 방정식으로 표현한 것이다. 이를 단순회귀모형을 가지고 간략히 설명하면 다음과 같다. 순수한 통계이론의 관점에서 살펴보면 회귀분석은 자료가 주어졌을 때 두 개의 변수를 선택하여 이론적으로 하나의 변수를 종속변수로 상정할 때, 이 종속변수의 점수들을 구성하는 원소인 각 관찰대상들(예를 들어 표본의 각각의 개인들)의 점수(개별치: 아래 단순회귀모형에서 $y_1, y_2, ..., y_n$)가 동일하지 않고, 평균(아래 단순회귀모형에서 M)을 중심으로 퍼져 있는 현상(즉 변량을 가지는 분포)을 독립변수로 상정한 다른 변수에 나타나는 동일한 관찰대상들의 개별치(아래 단순회귀모형에서 $x_1, x_2, ..., x_n$)들이 발현된 분포(즉 변량이 발생하는 현상)로 가장 잘 설명하는 각각의 개별치들에 대하여, 독립변수 값으로 종속변수 값을 말할(예측할) 때 발생할 수 밖에 없는 오차(아래의 단순회귀모형에서 ϵ)의 크기가 가장 작아야 한다는 원칙(최소자승제곱추정의 원칙)에 가장 적합한 선형함수($Y = \alpha + \beta X + \epsilon$ 라는 일차 방정식)를 찾아야(추정해야) 하는 것이다.

이 경우에 통계적 모형 추정에서 할 일은 단순히 α, β, ϵ를 추정하는 일이며 추정의 원리중 하나인 최소자승제곱의 원칙을 적용할 경우(즉 ϵ를 가장 작게 하는 기울기인 β를 결정하여 회귀선을 추정할 경우) 우리는 손쉽게 수학적으로 자연스럽게 α를 계산함으로써 전체 회귀식인 $Y=\alpha+\beta X+\epsilon$를 획득할 수 있게 된다.

〈표 3-17〉 회귀분석 모형 행렬 방정식

단순회귀모형	
$\begin{pmatrix} y_1 \\ y_2 \\ M \\ y_n \end{pmatrix} = \begin{pmatrix} 1 & x_1 \\ 1 & x_2 \\ M & M \\ 1 & x_n \end{pmatrix} \begin{pmatrix} \alpha \\ \beta \end{pmatrix} + \begin{pmatrix} \epsilon_1 \\ \epsilon_2 \\ M \\ \epsilon_n \end{pmatrix}$	$y_i=\alpha+\beta x_i+\epsilon_i$ $i=1,2,\Lambda,n$

다중회귀모형
$\underset{Y}{\begin{pmatrix} y_1 \\ y_2 \\ M \\ y_n \end{pmatrix}} = \underset{X}{\begin{pmatrix} 1 & x_{11} & x_{21} & \Lambda & x_{p1} \\ 1 & x_{12} & x_{22} & \Lambda & x_{p2} \\ M & M & M & & M \\ 1 & x_{1n} & x_{2n} & \Lambda & x_{pn} \end{pmatrix}} \underset{\beta}{\begin{pmatrix} \alpha \\ \beta_1 \\ M \\ \beta_p \end{pmatrix}} + \underset{\epsilon}{\begin{pmatrix} \epsilon_1 \\ \epsilon_2 \\ M \\ \epsilon_n \end{pmatrix}}$
$Y=X\beta+\epsilon, \quad \epsilon \sim N(0,\sigma^2 I)$
$y_i=\alpha+\beta_1 x_{1i}+\beta_2 x_{2i}+\Lambda\,\beta_p x_{\pi}+\epsilon_i$
$i=1,2,\Lambda,\ n$

회귀분석 창 회귀분석 창을 살펴보면 다음과 같다. ❶ 왼쪽에는 변수 목록이 있다. ❷ 오른쪽의 종속변수는 연구의 종속변수를 추가하고, ❸ 독립변수는 연구의 독립변수를 추가한다. 다음 ❹ [통계량]에 대해 살펴본다.

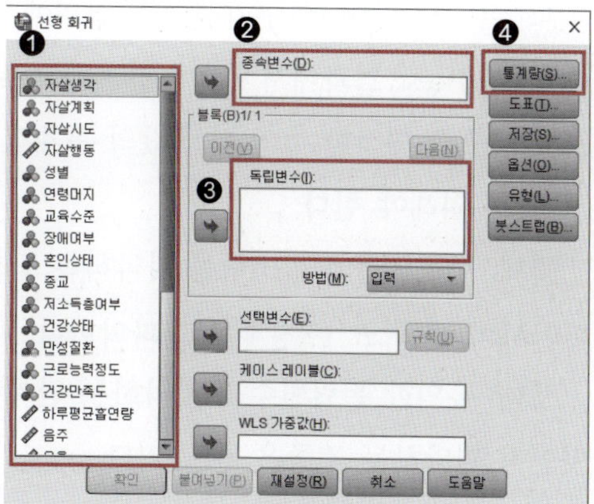

회귀분석(선형회귀) 창의 [통계량]은 회귀분석과 관련된 통계치를 제시해주는

데 본 저서에서는 꼭 살펴보아야 할 통계치에 대해 살펴보고자 한다.

- [추정값]은 독립변수가 종속변수에 미치는 영향이 어느 정도인지를 추정하는 것으로 표준화계수(β)와 비표준화계수(B) 등을 보여준다.
- [모형적합]은 회귀모형이 적합한지를 R, R제곱, ANOVA 등의 통계치로 제시해준다.
- [기술통계]는 변수의 평균, 표준편차, 케이스(N)를 간략하게 보여준다.
- [공선성 진단] 공선성은 변수들 간의 상관정도가 얼마나 강한지를 보여주는 것이다. 일반적으로 VIF값(Variation Inflation Factor, 분산팽창지수)과 Tolerance(공차한계)를 통해 다중공선성을 확인한다. VIF값은 10.0 이상이고, Tolerance값이 0.1 이하일 때 다중공선성이 존재한다고 판단한다.

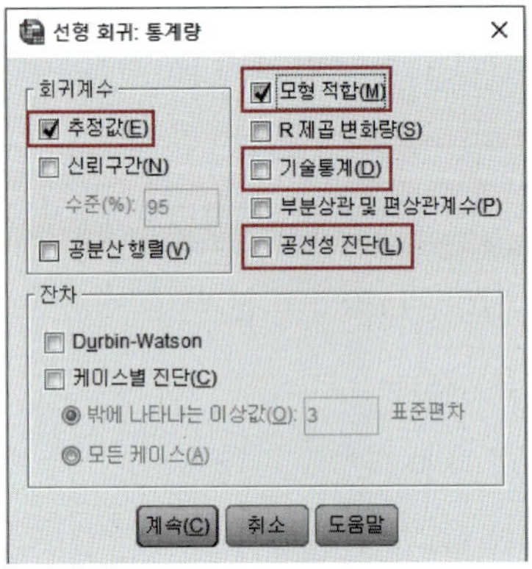

2) 회귀분석의 절차

회귀분석을 해석하는 절차는 다음 6가지로 구분해서 설명할 수 있다.

첫째, 연구자가 설정한 회귀모형이 유의한지 검증하는 단계인데, 이를 위해 F-test(분산분석)을 실시하며, 연구가설 채택범위에 포함되면, 회귀모형이 유의하다고 볼 수 있다. 만약 F-test 결과에서 F값이 통계적으로 유의하지 않을 경우 회귀모형이 유의하지 않은 것으로 해석할 수 있다. F값의 통계적 유의 여부를 확인하지 않고 그대로 진행하는 것은 피해야 한다.

둘째, 회귀모형의 설명력을 파악하는 단계이다. 회귀분석에서 회귀모형의 설명력을 확인하기 위해 R^2(결정계수)로 파악한다.

셋째, 유의한 독립변수를 파악하는 단계이다. 독립변수들 중에서 유의한 변수가 무엇인지 파악하는 검증은 t-test이다.

넷째, t-test에서 유의한 독립변수들 중에서 어떤 독립변수가 종속변수에 영향력이 큰지 검증하는 단계인데, 이를 위해 표준화계수 즉 'β'의 절대값을 확인한다. 이때, β의 절대값이 클수록 종속변수에 큰 영향력을 보이는 변수이다.

다섯째, 회귀방정식을 구축하는 단계이다. 이를 위해 비표준화계수 즉 'B'를 사용한다. 분석을 통해 주어진 상수(Constant)와 비표준화계수 B를 활용하여 회귀방정식을 만들 수 있다.

여섯째, 다중회귀분석에서 사용되는 2개 이상의 독립변수들의 상관관계가 높은 것을 확인하기 위해 다중공선성(Multicollinearity) 진단을 한다. 분석결과에서는 공차한계와 VIF(Variance Inflation Factor)를 확인할 수 있다. 공차한계는 0.1보다 크고, 1.0보다 작으면 적절하며, VIF값이 10.0 미만일 경우에 다중공선성에 문제가 없는 것으로 판단할 수 있다.

3) 연구가설

이명천과 김요한(2013)은 회귀분석의 연구가설 형태를 "독립변수는 종속변수에 통계적으로 유의한 영향을 미치며, 독립변수의 값을 알았을 때, 종속변수를 예측할 수 있다."로 했다. 종속변수에 영향을 미치는 유의한 독립변수의 영향력과 회귀분석 결과에서 제시된 비표준화회귀계수로 최적의 회귀방정식을 제시하는 의미를 내포하고 있다.

회귀분석에 사용할 변수는 종속변수로 우울(CES-D11), 독립변수로 자아존중감(Rosenberg's Self-esteem-10), 자살행동(자살생각, 자살계획, 자살시도의 병합형태)이다. 변수 설정이 완료되었으면 그에 대한 연구가설은 다음과 같다.

연구가설 "자아존중감과 자살생각은 우울에 유의한 영향을 미칠 것이다"

귀무가설 "자아존중감과 자살생각은 우울에 유의한 영향을 미치지 않을 것이다"

4) 분석절차

회귀분석을 연습하기 위해서는 '도문학 SPSS DATA.sav' 파일이 필요해요.

분석예시파일	도문학 SPSS DATA.SAV

1 데이터 편집기 창에서 테이블을 불러온 후 ❶ [분석(A)] → ❷ [회귀분석(R)] →❸ [선형(L)]을 선택한다.

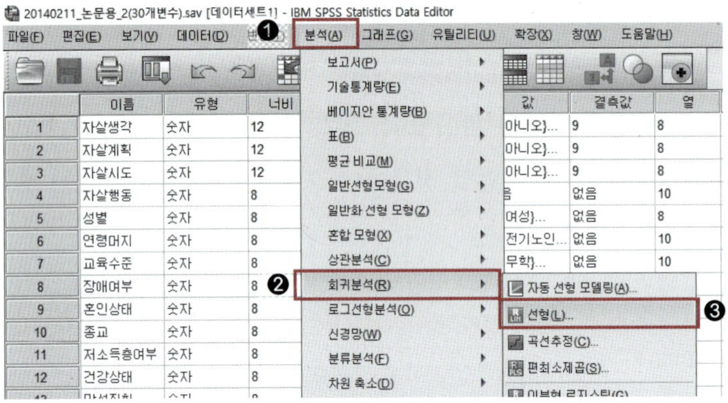

2 ❶ 종속변수인 우울은 종속변수에 추가하고, ❷ 독립변수인 자아존중감과 자살생각은 독립변수에 추가한 뒤 ❸ [통계량]의 필요한 정보를 선택한 후 ❹ [확인]을 누른다.

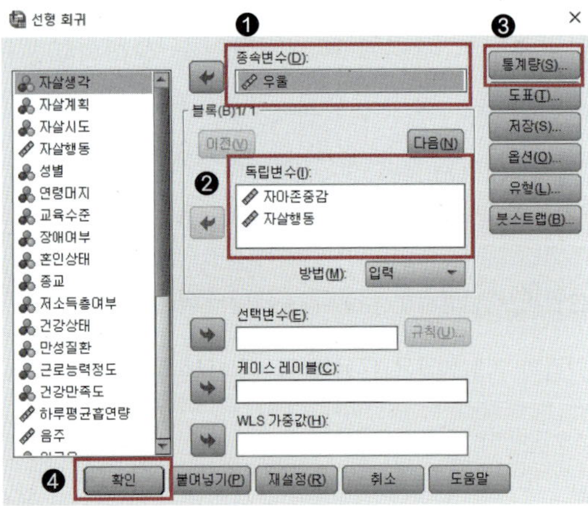

3 ❸ [통계량] 창에서는 변수의 정보와 회귀모형의 값을 확인할 수 있도록 ❺ [추정값], [모형적합], [기술통계], [공선성 진단]을 선택한 후 ❻ [계속] 버튼을 선택한다.

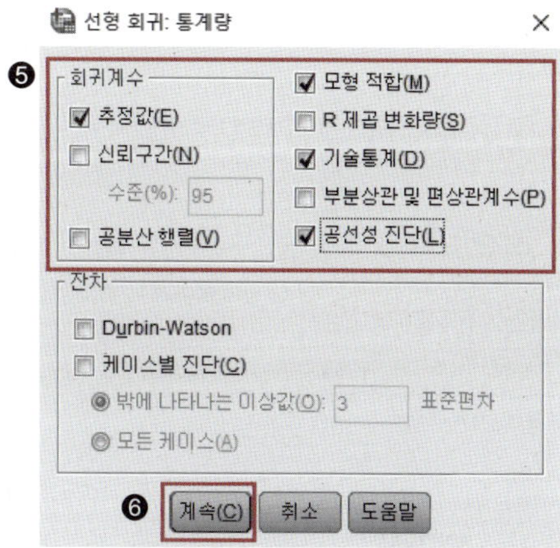

4 초기 선형회귀 창의 [통계량]에서 필요한 정보를 모두 선택한 후 마지막으로 ❹ [확인]을 선택하면 회귀분석의 결과표를 제시한 출력 창이 활성화된다.

기술통계량

	평균	표준화 편차	N
우울	6.01	5.501	3510
자아존중감	28.33	4.190	3510
자살행동	.17	.485	3510

상관계수

		우울	자아존중감	자살행동
Pearson 상관	우울	1.000	-.528	.230
	자아존중감	-.528	1.000	-.135
	자살행동	.230	-.135	1.000
유의확률 (단측)	우울	.	.000	.000
	자아존중감	.000	.	.000
	자살행동	.000	.000	.
N	우울	3510	3510	3510
	자아존중감	3510	3510	3510
	자살행동	3510	3510	3510

입력/제거된 변수[a]

모형	입력된 변수	제거된 변수	방법
1	자살행동, 자아존중감[b]	.	입력

a. 종속변수: 우울

b. 요청된 모든 변수가 입력되었습니다.

모형 요약

모형	R	R 제곱	수정된 R 제곱	추정값의 표준오차
1	.552[a]	.304	.304	4.590

a. 예측자: (상수), 자살행동, 자아존중감

ANOVA[a]

모형		제곱합	자유도	평균제곱	F	유의확률
1	회귀	32312.847	2	16156.424	766.855	.000[b]
	잔차	73886.989	3507	21.068		
	전체	106199.836	3509			

a. 종속변수: 우울

b. 예측자: (상수), 자살행동, 자아존중감

계수[a]

모형		비표준화 계수		표준화 계수	t	유의확률	공선성 통계량	
		B	표준화 오류	베타			공차	VIF
1	(상수)	24.520	.539		45.526	.000		
	자아존중감	-.664	.019	-.506	-35.590	.000	.982	1.019
	자살행동	1.837	.161	.162	11.395	.000	.982	1.019

a. 종속변수: 우울

공선성 진단[a]

모형	차원	고유값	상태지수	분산비율		
				(상수)	자아존중감	자살행동
1	1	2.158	1.000	.00	.00	.05
	2	.832	1.611	.00	.00	.92
	3	.010	14.347	.99	.99	.03

a. 종속변수: 우울

결과 설명 앞서 출력창의 회귀분석 결과를 설명하면 다음과 같다.

기술통계량 [기술통계량]은 독립변수 2개(자살행동, 자아존중감)와 종속변수 1개(우울)의 평균, 표준화편차, 케이스(N)의 결과가 제공된다. 총 3,510명의 응답자의 자살행동은 0.17점(SD=.485), 자아존중감 28.33점(SD=4.190), 우울 6.01점(SD=5.501)이다.

기술통계량

	평균	표준화 편차	N
우울	6.01	5.501	3510
자아존중감	28.33	4.190	3510
자살행동	.17	.485	3510

상관계수 [상관계수] 표는 각 변수의 Pearson 상관, 유의확률, N(케이스)의 결과를 나타낸다. 이 표는 앞서 배운 '상관관계' 분석의 [상관계수] 표와 같다.

상관계수

		우울	자아존중감	자살행동
Pearson 상관	우울	1.000	-.528	.230
	자아존중감	-.528	1.000	-.135
	자살행동	.230	-.135	1.000
유의확률 (단측)	우울	.	.000	.000
	자아존중감	.000	.	.000
	자살행동	.000	.000	.
N	우울	3510	3510	3510
	자아존중감	3510	3510	3510
	자살행동	3510	3510	3510

모형요약 [모형요약]은 R, R제곱, 수정된 R제곱, 추정값의 표준오차를 확인할 수 있다. 이 값은 회귀모형의 적합도를 의미하는 것으로 회귀 모형이 얼마나 종속변수를 잘 예측하는지를 보여주는 것이다. 회귀 모형의 적합 정도의 확인은 R 또는 R제곱(R^2)으로 '결정계수'라고도 하는데, 여기서 R은 상관계수 값과 동일하다. 결과표의 R^2은 .304으로 자살행동과 자아존중감이 우울을 30.4% 설명할 수 있다고 본다.

모형 요약

모형	R	R 제곱	수정된 R 제곱	추정값의 표준 오차
1	.552[a]	.304	.304	4.590

a. 예측자: (상수), 자살행동, 자아존중감

ANOVA [ANOVA]는 제곱합, 자유도, 평균제곱, F값, 유의확률을 살펴볼 수 있다. 회귀분석에서 [ANOVA]는 회귀모형의 유의성을 확인하는 데 사용하는데, 이 변수들의 회귀계수들이 모두 0인지 0이 아닌지를 검증하는 것이다. 회귀모형의 유의성 확인을 위한 가설설정은 다음과 같다.

- 연구가설 "회귀모형은 0이 아니다(독립변수와 종속변수는 어떠한 관계가 있다)"
- 귀무가설 "회귀모형은 0이다(독립변수와 종속변수는 어떠한 관계가 없다)"

결과표의 F값은 766.855이고, 유의확률(p)은 유의확률은 .000으로 유의수준 .05보다 낮기 때문에 연구가설을 채택할 수 있다. 따라서 회귀모형이 0이 아니며, 독립변수와 종속변수는 서로 관계가 있다고 볼 수 있다.

ANOVA[a]

모형		제곱합	자유도	평균제곱	F	유의확률
1	회귀	32312.847	2	16156.424	766.855	.000[b]
	잔차	73886.989	3507	21.068		
	전체	106199.836	3509			

a. 종속변수: 우울

b. 예측자: (상수), 자살행동, 자아존중감

계수 ❶ [계수]는 상수, 비표준화 계수(B), 표준화 계수(β), t분포, 유의확률, 공선성 통계량 등의 결과를 살펴볼 수 있다. 계수의 개념을 설명하면 다음과 같다.

- 상수 : 회귀식의 절편(α)을 나타낸다.
- 비표준화 계수(B) 및 표준화 계수(β) : 회귀식의 기울기(β)를 나타낸다. 즉, 계수가 양수(+)일 경우 독립변수가 증가할수록 종속변수도 증가하며, 계수가 음수(-)일 경우 독립변수가 감소할수록 종속변수도 감소함을 의미한다.
- t분포와 유의확률(p) : 이 표에서 t분포와 유의확률(p)는 회귀계수의 유의성을 검정하는 것이다. 앞서 결정계수(R^2)와 ANOVA의 F값을 통해 회귀 모형의 적합성(유의성)을 검정하였다면, 여기서는 회귀 모형의 회귀계수가 유의한지를 파악한다. 결과표의 자아존중감의 t값이 -.506이고, 유의확률(p)이 .000으로 이를 해석하면, 자아존중감이 낮을수록 우울 정도가 낮다고 볼 수 있으며 자아존중감의 회귀 계수는 유의하다는 것을 확인할 수 있다.

공선성 진단 [계수]의 표에서는 ❷ [공선성 통계량]도 함께 제시된다. 공선성은 변수들 간의 상관이 얼마나 강한지를 보여주는 것이다. VIF값(Variation Inflation Factor, 분산팽창지수)은 10.0 미만이고, Tolerance(공차한계)값은 0.1이상일 때 다중공선성이 존재하지 않는다고 볼 수 있는데, 본 결과표에서 자아존중감과 자살행동의 VIF는 1.019이고, 공차한계(Tolerance)는 0.1 이상으로 다중공선성에 문제가 되지 않는다고 할 수 있다.

❶ 계수[a] ❷

모형		비표준화 계수 B	비표준화 계수 표준화 오류	표준화 계수 베타	t	유의확률	공선성 통계량 공차	공선성 통계량 VIF
1	(상수)	24.520	.539		45.526	.000		
	자아존중감	-.664	.019	-.506	-35.590	.000	.982	1.019
	자살행동	1.837	.161	.162	11.395	.000	.982	1.019

a. 종속변수: 우울

5) 분석결과를 서지정보에 맞춰 작성하기

〈표 3-18〉 우울에 미치는 영향에 대한 회귀분석 결과

모형	비표준화계수		표준화계수	t	공차한계	VIF
	B	$S.E$	β			
(상수)	24.520	.539	-	45.526***	-	-
자아존중감	-0.664	.019	-.506	-35.590***	.982	1.019
자살행동	1.837	.161	.162	11.395***	.982	1.019
R^2	.304					
$adj.\ R^2$	.304					
F(df1, df2)	766.855***(2, 3507)					

*** p<.001.

노인의 우울에 영향을 미치는 독립변수들의 상대적 영향력을 알아보기 위해 선형 회귀분석을 실시하였고, 그에 대한 결과를 〈표 3-18〉에 제시하였다. 독립변수에는 자아존중감과 자살행동변수를 삽입하였다. 자아존중감과 자살행동은 우울을 30.4% 설명하고 있었으며, 설정된 회귀모형은 유의하였다(F(df1, df2)=766.855(2, 3507), p<.001). 자아존중감(t=-35.590, p<.001)과 자살행동(t=11.395, p<.001)이 노인의 우울에 유의하게

영향을 미치는 변인이었으며, 상대적 영향력은 자아존중감(β=-.506), 자살행동(β=.162) 순으로 우울에 영향을 미치는 것으로 나타났다. 그리고 각 변인들의 공선성 통계량인 공차한계값은 자아존중감과 자살행동이 동일하게 .982로 나타났으며, VIF도 1.019로 동일하여, 두 변인은 다중공선성이 문제가 되지 않는 것으로 나타났다. 마지막으로, 노인의 우울을 설명하는 최적의 회귀방정식을 만들기 위해 비표준화 계수(B)를 사용하였다. 아래에 그 방정식이 제시되어 있다.

$$Y = 24.520 - 0.664 * \text{자아존중감} + 1.837 * \text{자살행동}$$

예를 들어, 자아존중감 점수가 20점이고, 자살행동이 2점일 경우라면, 우울 점수는 다음과 같다.

$$Y = 25.520 - (0.644 * 20) + (1.837 * 2)$$
$$Y = 25.520 - 13.28 + 3.674$$
$$Y = 14.914$$

우울점수는 14.914점으로 예측할 수 있다.

11. 위계적 회귀분석

1) 위계적 회귀분석의 개념

위계적 회귀분석(Hierarchical Regression Analysis)은 단순회귀분석, 다중회귀분석과는 달리, 투입되는 독립변수의 순서가 연구자에 의해 정해지게 된다. 위계적 회귀분석에 투입되는 독립변수의 순서는 연구자가 경험적인 근거를 바탕으로 정해지는 것이 일반적이라고 볼 수 있는데, 대개 1단계에서 일반적 특성변수(통제변수), 2단계 이후부터는 독립변수 순으로 투입한다.

위계적 회귀분석에서의 독립변수는 정해진 순서에 의해 투입되기 때문에 회귀식은 독립변수가 하나씩 첨가되면서 구성되고 하나씩 추가될 때의 회귀모형을 평가하게 된다(〈표 3-19〉 참조). 변수를 하나씩 투입해가면서 독립변수들 가운데 가장 영향력이 있는 변수는 무엇이고, 가장 적은 영향을 미치는 변수는 무엇인지 확인할 수 있다.

〈표 3-19〉 위계적 회귀분석의 변수 투입

단계	독립변수	종속변수
1단계	근로 능력 정도	외로움
2단계	근로 능력 정도+가족관계 만족도	
3단계	근로 능력 정도+가족관계 만족도 +사회적 친분관계 만족도	

위계적 회귀분석은 전체 설명변수를 개별 변수의 상대적 기여도로 분할되고 제외되는 변수가 없기 때문에 개별 변수의 효과를 검증하고자 하는 연구에 적합하다고 볼 수 있다. 따라서 위계적 회귀분석은 독립변수들의 상대적 효과를 밝히기 위한 가설검증 연구에 적합한 회귀분석방법이다.

위계적 회귀분석의 기본가정은 2가지로 볼 수 있다. 첫째, 위계적 회귀분석은 사용되는 변수의 척도가 등간척도와 비율척도로 이루어져 있는 경우에 사용된다. 둘째, 위계적 회귀분석에서는 연구자의 경험적 근거를 바탕으로 영향력이 큰 변수를 하나씩 투입하는 것이다.

위계적 회귀분석 창 위계적 회귀분석 창을 살펴보면 다음과 같다.

❶ 왼쪽에는 변수 목록이 있다.

❷ 오른쪽의 종속변수는 연구의 종속변수를 추가한다.

❸ 독립변수는 연구의 독립변수를 추가한다. 위계적 회귀분석은 회귀 모형에 따라 독립변수가 하나씩 추가하게 된다. 따라서 독립변수를 추가한 후 ❹ [다음]을 클릭해 독립변수를 계속 추가한다.

❺ [통계량]에 필요한 정보를 선택한다. [통계량]에 대한 정보는 회귀분석에서 설명했기 때문에 생략한다.

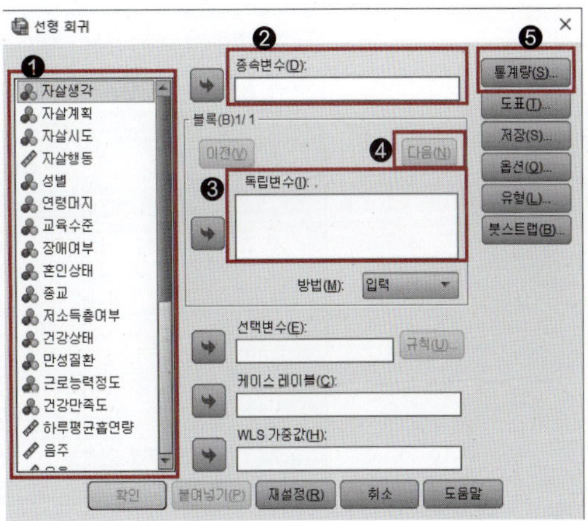

2) 연구가설

본 분석에서는 외로움에 영향을 미치는 요인을 위계적 회귀분석을 통해 알아보고자 한다. 본 분석에서 사용하고자 하는 독립변수는 '근로 능력 정도', '가족관계 만족도', '사회적 친분관계 만족도'이며, 종속변수는 '외로움'이다. 변수 설정이 완료되었으면, 그에 대한 연구가설은 다음과 같다.

연구가설 "근로 능력 정도, 가족관계 만족도, 사회적 친분관계 만족도는 외로움에 영향을 미칠 것이다"

귀무가설 "근로 능력 정도, 가족관계 만족도, 사회적 친분관계 만족도는 외로움에 영향을 미치지 않을 것이다"

3) 분석절차

회귀분석을 연습하기 위해서는 '도문학 SPSS DATA.sav' 파일이 필요해요.

분석예시파일	도문학 SPSS DATA.SAV

1 데이터 편집기 창에서 데이터를 불러 온 후 ❶ [분석(A)] → ❷ [회귀분석(R)] → ❸ [선형(L)]을 선택한다.

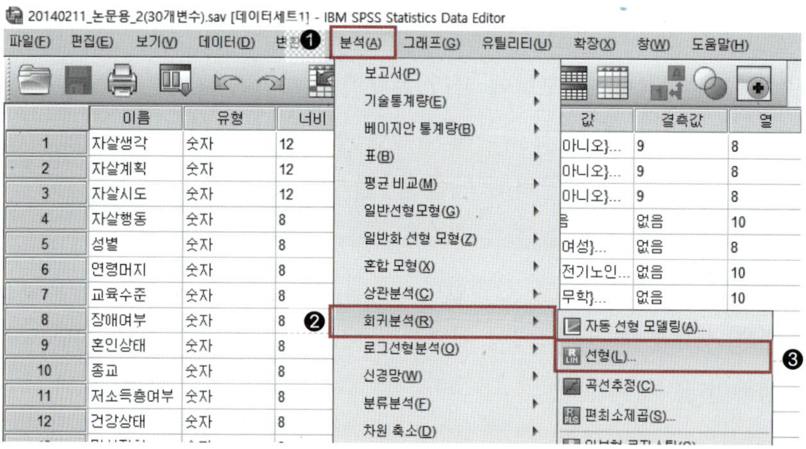

위계적 회귀분석은 독립변수를 단계별로 추가해야 한다. 본 저서에서는 총 3단계에 걸쳐 독립변수를 추가하는 과정을 살펴보도록 하겠다.

2 위계적 회귀분석을 위해서는 독립변수를 단계별로 추가해야 한다. 먼저, 종속변수인 '외로움'을 ❶ 종속변수로 추가한 후 ❷ 독립변수에는 독립변수 3개(근로능력정도, 가족관계만족도, 사회적친분관계만족도)를 단계별로 추가한 후 ❸ [옵션]에서 필요한 정보를 선택하고 마지막으로 ❹ [확인]을 선택한다. ❷ 독립변수에 단계별로 추가하는 과정은 다음과 같다.

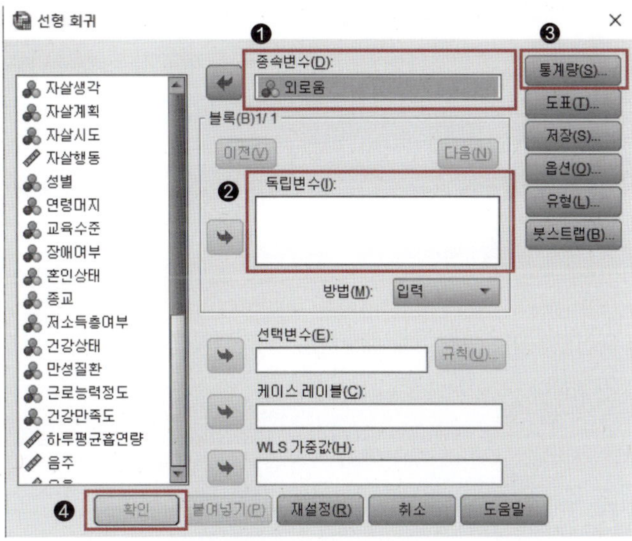

※ 독립변수에 따른 종속변수의 회귀분석 단계

종속변수
외로움

독립변수		
1단계	2단계	3단계
근로능력정도	근로능력정도	근로능력정도
	가족관계 만족도	가족관계 만족도
		사회적 친분관계 만족도

2-1 **모형 1** ❶ 독립변수에는 모형 1에 해당하는 '근로능력정도' 변수를 투입한 후 ❷ [다음]을 선택한다.

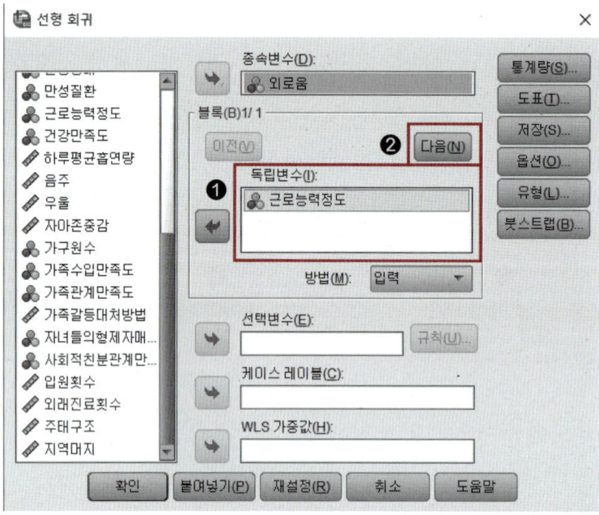

Tip

독립변수에 '근로능력정도' 변수를 투입함으로써 **모형 1**이 완성된 것이다.

2-2 **모형 2** ❶ 독립변수에는 모형 2에 해당하는 '가족관계만족도' 변수를 투입한 후 ❷ [다음]을 선택한다.

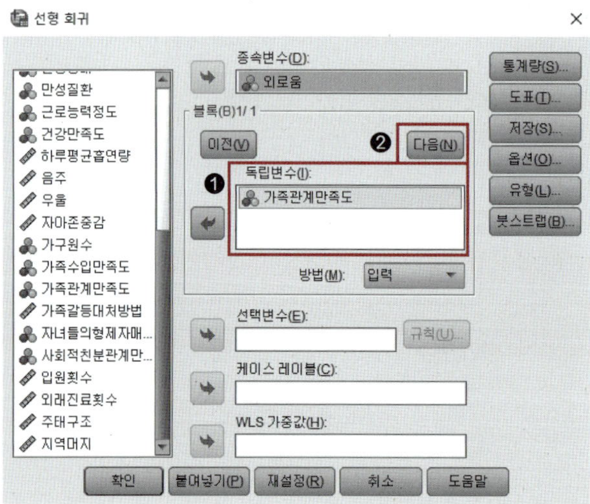

Tip

독립변수에 '가족관계만족도' 변수를 투입하면, '근로능력정도'+'가족관계만족도'의 **모형 2**가 완성된 것이다.

2-3 모형 3 ❶ 독립변수에는 모형 3에 해당하는 '가족관계만족도' 변수를 투입한 후 ❷ [통계량]을 선택한다.

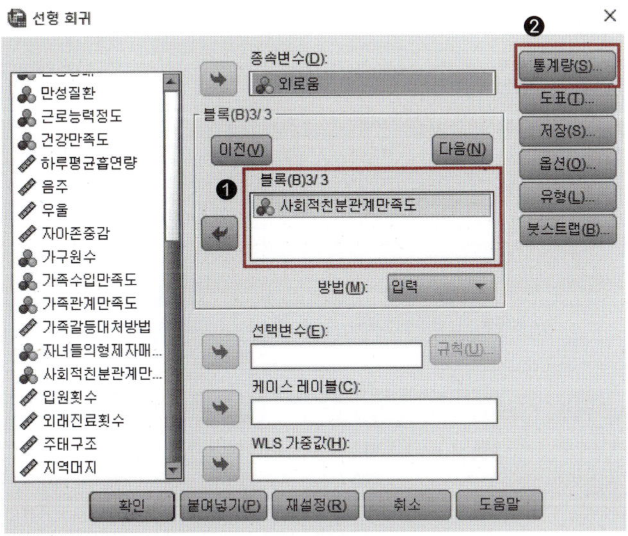

Tip

독립변수에 '사회적친분관계만족도' 변수를 투입하면, '근로능력정도'+'가족관계만족도'+'사회적친분관계만족도'의 **모형 3**이 완성된 것이다.

3 [통계량] 창에서는 변수의 정보와 회귀모형의 값을 확인할 수 있도록 ❶ [추정값], [모형적합], [기술통계], [공선성 진단]을 선택한 후 ❷ [계속] 버튼을 선택한다.

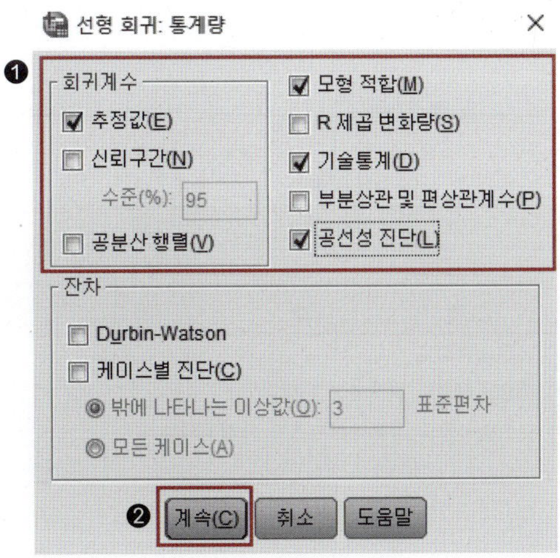

4 초기 선형회귀 창의 [통계량]에서 필요한 정보를 모두 선택한 후 마지막으로 ❹ [확인]을 선택하면 회귀분석의 결과표를 제시한 출력 창이 활성화된다.

기술통계량

	평균	표준화 편차	N
외로움	.54	.783	3511
근로능력정도	.66	.865	3511
가족관계만족도	2.74	.732	3511
사회적친분관계만족도	2.64	.694	3511

상관계수

		외로움	근로능력정도	가족관계만족도	사회적친분관계만족도
Pearson 상관	외로움	1.000	.243	-.282	-.189
	근로능력정도	.243	1.000	-.125	-.217
	가족관계만족도	-.282	-.125	1.000	.295
	사회적친분관계만족도	-.189	-.217	.295	1.000
유의확률 (단측)	외로움	.	.000	.000	.000
	근로능력정도	.000	.	.000	.000
	가족관계만족도	.000	.000	.	.000
	사회적친분관계만족도	.000	.000	.000	.
N	외로움	3511	3511	3511	3511
	근로능력정도	3511	3511	3511	3511
	가족관계만족도	3511	3511	3511	3511
	사회적친분관계만족도	3511	3511	3511	3511

모형 요약

모형	R	R 제곱	수정된 R 제곱	추정값의 표준 오차
1	.243[a]	.059	.059	.759
2	.352[b]	.124	.123	.733
3	.359[c]	.129	.128	.731

a. 예측자: (상수), 근로능력정도

b. 예측자: (상수), 근로능력정도, 가족관계만족도

c. 예측자: (상수), 근로능력정도, 가족관계만족도, 사회적친분관계만족도

ANOVA[a]

모형		제곱합	자유도	평균제곱	F	유의확률
1	회귀	127.075	1	127.075	220.422	.000[b]
	잔차	2022.972	3509	.577		
	전체	2150.047	3510			
2	회귀	265.685	2	132.842	247.304	.000[c]
	잔차	1884.363	3508	.537		
	전체	2150.047	3510			
3	회귀	276.799	3	92.266	172.736	.000[d]
	잔차	1873.249	3507	.534		
	전체	2150.047	3510			

a. 종속변수: 외로움

b. 예측자: (상수), 근로능력정도

c. 예측자: (상수), 근로능력정도, 가족관계만족도

d. 예측자: (상수), 근로능력정도, 가족관계만족도, 사회적친분관계만족도

계수[a]

		비표준화 계수		표준화 계수			공선성 통계량	
모형		B	표준화 오류	베타	t	유의확률	공차	VIF
1	(상수)	.394	.016		24.390	.000		
	근로능력정도	.220	.015	.243	14.847	.000	1.000	1.000
2	(상수)	1.164	.050		23.093	.000		
	근로능력정도	.191	.014	.211	13.244	.000	.984	1.016
	가족관계만족도	-.274	.017	-.256	-16.064	.000	.984	1.016
3	(상수)	1.340	.063		21.156	.000		
	근로능력정도	.178	.015	.197	12.178	.000	.949	1.054
	가족관계만족도	-.251	.018	-.235	-14.218	.000	.909	1.100
	사회적친분관계만족도	-.086	.019	-.077	-4.561	.000	.880	1.136

a. 종속변수: 외로움

제외된 변수[a]

						공선성 통계량		
모형		베타 입력	t	유의확률	편상관계수	공차	VIF	최소공차
1	가족관계만족도	-.256[b]	-16.064	.000	-.262	.984	1.016	.984
	사회적친분관계만족도	-.143[b]	-8.598	.000	-.144	.953	1.049	.953
2	사회적친분관계만족도	-.077[c]	-4.561	.000	-.077	.880	1.136	.880

a. 종속변수: 외로움

b. 모형내의 예측자: (상수), 근로능력정도

c. 모형내의 예측자: (상수), 근로능력정도, 가족관계만족도

공선성 진단[a]

모형	차원	고유값	상태지수	분산비율 (상수)	근로능력정도	가족관계만족도	사회적친분관계만족도
1	1	1.609	1.000	.20	.20		
	2	.391	2.029	.80	.80		
2	1	2.443	1.000	.01	.06	.01	
	2	.525	2.156	.01	.88	.02	
	3	.032	8.731	.98	.05	.97	
3	1	3.345	1.000	.00	.03	.01	.00
	2	.583	2.395	.00	.86	.01	.01
	3	.046	8.530	.00	.00	.72	.56
	4	.026	11.345	.99	.11	.27	.43

a. 종속변수: 외로움

결과 설명 앞선 출력창의 위계적 회귀분석 결과를 설명하면 다음과 같다.

기술통계량 [기술통계량]은 독립변수 3개(근로능력정도, 가족관계만족도, 사회적친분관계만족도)와 종속변수 1개(외로움)의 평균, 표준화편차, 케이스(N)의 결과가 제공된다. 총 3,511명의 응답자의 외로움은 0.54점(SD=.783), 가족관계만족도는 2.74점(SD=.732), 사회적친분관계는 2.64점(SD=.694)이다.

기술통계량

	평균	표준화 편차	N
외로움	.54	.783	3511
근로능력정도	.66	.865	3511
가족관계만족도	2.74	.732	3511
사회적친분관계만족도	2.64	.694	3511

상관계수 [상관계수] 표는 각 변수의 Pearson 상관, 유의확률, N(케이스)의 결과를 나타낸다. 이 표는 앞서 배운 상관관계 분석의 [상관계수] 표와 같다.

상관계수

		외로움	근로능력정도	가족관계만족도	사회적친분관계만족도
Pearson 상관	외로움	1.000	.243	-.282	-.189
	근로능력정도	.243	1.000	-.125	-.217
	가족관계만족도	-.282	-.125	1.000	.295
	사회적친분관계만족도	-.189	-.217	.295	1.000
유의확률 (단측)	외로움	.	.000	.000	.000
	근로능력정도	.000	.	.000	.000
	가족관계만족도	.000	.000	.	.000
	사회적친분관계만족도	.000	.000	.000	.
N	외로움	3511	3511	3511	3511
	근로능력정도	3511	3511	3511	3511
	가족관계만족도	3511	3511	3511	3511
	사회적친분관계만족도	3511	3511	3511	3511

모형요약 [모형요약]은 R, R제곱, 수정된 R제곱, 추정값의 표준오차를 확인할 수 있다. 이 값은 회귀 모형의 적합도를 의미하는 것으로 회귀 모형이 얼마나 종속변수를 잘 예측하는지를 보여주는 것이다. 회귀 모형의 적합 정도의 확인은 R 또는 R제곱(R^2)으로 '결정계수'라고도 하는데, 여기서 R은 상관계수 값과 동일하다. 모형별 결과표를 살펴보면 다음과 같다.

모형 1 [모형 1]의 R^2은 .059로 '근로능력정도'가 '외로움'을 5.9% 설명하고 있으며,

모형 2 [모형 2]의 R^2은 .124로 '근로능력정도'와 '가족관계만족도'가 '외로움'을 12.4%를 설명하고 있으며,

모형 3 [모형 3]의 R^2은 .128 근로능력정도'와 '가족관계만족도', '사회적친분관계만족도'가 '외로움'을 12.8%를 설명하고 있다.

독립변수가 투입될수록 설명력 또한 높아지고 있다. 이는 독립변수를 1개 투입할 때보다 3개 모두 투입하였을 때 종속변수인 '외로움'을 더 잘 설명하고 있는 것이라 할 수 있다.

모형 요약

모형	R	R 제곱	수정된 R 제곱	추정값의 표준 오차
1	.243[a]	.059	.059	.759
2	.352[b]	.124	.123	.733
3	.359[c]	.129	.128	.731

a. 예측자: (상수), 근로능력정도

b. 예측자: (상수), 근로능력정도, 가족관계만족도

c. 예측자: (상수), 근로능력정도, 가족관계만족도, 사회적친분관계만족도

ANOVA [ANOVA]는 제곱합, 자유도, 평균제곱, F값, 유의확률을 살펴볼 수 있다. 회귀분석에서 [ANOVA]는 회귀모형의 유의성을 확인하는 데 사용하는데, 이 변수들의 회귀계수들이 모두 0인지 0이 아닌지를 검증하는 것이다. 회귀모형의 유의성 확인을 위한 가설설정은 다음과 같다.

- 연구가설 "회귀모형은 0이 아니다(독립변수와 종속변수는 어떠한 관계가 있다)"
- 귀무가설 "회귀모형은 0이다(독립변수와 종속변수는 어떠한 관계가 없다)"

모형별 AVONA의 결과표를 살펴보면 다음과 같다.

모형 1 [모형 1]의 F값은 22.422이고, 유의확률(p)은 .000으로 유의수준 .05보다 낮기 때문에 연구가설을 채택 할 수 있다.

모형 2 [모형 2]의 F값은 247.304이고, 유의확률(p)은 .000으로 유의수준 .05보다 낮기 때문에 연구가설을 채택할 수 있다.

모형 3 [모형 3]의 F값은 172.736이고, 유의확률(p)은 172.736이고, 유의확률(p)은 .000으로 유의수준 .05보다 낮기 때문에 연구가설을 채택할 수 있다.

따라서 **모형 1**, **모형 2**, **모형 3** 모두 회귀모형이 0이 아니며, 독립변수와 종속변수는 서로 관계가 있다고 볼 수 있다.

ANOVA[a]

모형		제곱합	자유도	평균제곱	F	유의확률
1	회귀	127.075	1	127.075	220.422	.000[b]
	잔차	2022.972	3509	.577		
	전체	2150.047	3510			
2	회귀	265.685	2	132.842	247.304	.000[c]
	잔차	1884.363	3508	.537		
	전체	2150.047	3510			
3	회귀	276.799	3	92.266	172.736	.000[d]
	잔차	1873.249	3507	.534		
	전체	2150.047	3510			

a. 종속변수: 외로움

b. 예측자: (상수), 근로능력정도

c. 예측자: (상수), 근로능력정도, 가족관계만족도

d. 예측자: (상수), 근로능력정도, 가족관계만족도, 사회적친분관계만족도

계수 ❶ [계수]는 상수, 비표준화 계수(B), 표준화 계수(β), t분포, 유의확률, 공선성 통계량 등의 결과를 살펴볼 수 있다. 계수의 개념을 설명하면 다음과 같다.

- 상수 : 회귀식의 절편(α)을 나타낸다.
- 비표준화 계수(B) 및 표준화 계수(β) : 회귀식의 기울기(β)를 나타낸다. 즉, 계수가 양수(+)일 경우 독립변수가 증가할수록 종속변수도 증가하며, 계수가 음수(-)일 경우 독립변수가 감소할수록 종속변수도 감소함을 의미한다.
- t분포와 유의확률(p) : 이 표에서 t분포와 유의확률(p)는 회귀계수의 유의성을 검정하는 것이다. 앞서 결정계수(R^2)와 ANOVA의 F값을 통해 회귀 모형의 적합성(유의성)을 검정하였다면, 여기서는 회귀 모형의 회귀계수가 유의한지를 파악한다.

모형별 [계수]의 결과표를 살펴보면 다음과 같다.

모형 1 [모형 1]의 근로능력정도가 우울에 미치는 영향을 살펴보면, 표준화계수(β)가 .243이고, t=14.847, 유의확률(p)=.000으로 이를 해석하면, 근로능력정도가 높을수록 외로움이 정도가 낮아지는 것을 의미한다.

모형 2 [모형 2]의 근로능력정도와 가족관계만족도가 동시에 우울에 미치는 영향을 살펴본다. 이때, 근로능력정도의 표준화계수(β)는 .211이고, t=13.244, 유의확률(p)=.000, 가족관계만족도의 표준화계수(β)는 -.256, t=-16.064, 유의확률(p)=.000으로 이를 해석하면, 근로능력정도가 높고, 가족관계만족도가 낮을수록 외로움의 정도는 높아지는 것을 의미한다.

모형 3 [모형 3]의 근로능력정도와 가족관계만족도, 사회적친분관계만족도가 동시에 우울에 미치는 영향을 살펴본다. 이때, 근로능력정도의 표준화계수(β)는 .197이고, t=12.178, 유의확률(p)=.000, 가족관계만족도의 표준화계수(β)는 -.235, t=-14.218, 유의확률(p)=.000, 사회적친분관계만족도의 표준화계수(β)는 -.077, t=-4.561, 유의확률(p)=.000으로 이를 해석하면, 근로능력정도가 높고, 가족관계만족도가 낮고, 사회적친분관계만족도가 낮을수록 외로움의 정도가 높아지는 것을 의미한다.

공선성 진단 [계수]의 표에서는 ❷ [공선성 통계량]도 함께 제시된다. 공선성은 변수들 간의 상관이 얼마나 강한지를 보여주는 것이다. VIF값(Variation Inflation Factor, 분산팽창지수)은 10.0 미만이고, Tolerance(공차한계)값은 0.1이상일 때 다중공선성이 존재하지 않는다고 볼 수 있는데, 본 결과표에서 VIF값이 1.016~1.136이고, 공차한계(Tolerance)는 .880~.984 이상으로 다중공선성에 문제가 되지 않는다고 할 수 있다.

※ 변수가 하나일 때 VIF값과 공차한계는 의미가 없다.

❶ 계수[a] ❷

모형		비표준화 계수 B	비표준화 계수 표준화 오류	표준화 계수 베타	t	유의확률	공선성 통계량 공차	공선성 통계량 VIF
1	(상수)	.394	.016		24.390	.000		
	근로능력정도	.220	.015	.243	14.847	.000	1.000	1.000
2	(상수)	1.164	.050		23.093	.000		
	근로능력정도	.191	.014	.211	13.244	.000	.984	1.016
	가족관계만족도	-.274	.017	-.256	-16.064	.000	.984	1.016
3	(상수)	1.340	.063		21.156	.000		
	근로능력정도	.178	.015	.197	12.178	.000	.949	1.054
	가족관계만족도	-.251	.018	-.235	-14.218	.000	.909	1.100
	사회적친분관계만족도	-.086	.019	-.077	-4.561	.000	.880	1.136

a. 종속변수: 외로움

4) 분석 결과를 서지정보에 맞춰 작성하기

〈표 3-20〉 외로움에 대한 위계적 회귀분석 (N=3,511)

구분	모델 1				모델 2				모델 3			
	B	$s.e.$	β	t	B	$s.e.$	β	t	B	$s.e.$	β	t
(상수)	.394	.016		24.390***	1.164	.050		23.093***	1.340	.063		21.156***
근로능력 정도	.220	.015	.243	14.847***	.191	.014	.211	13.244***	.178	.015	.197	12.178***
가족관계 만족도					-.274	.017	-.256	-16.064***	-.251	.018	-.235	-14.218***
사회적 관계 만족도									-.086	.019	-.077	-4.561***
R^2	.059				.124				.129			
Adj R^2	.059				.123				.128			
F($df1$, $df2$)	220.422(1, 3509)***				247.304(1, 3508)***				172.736(1, 3507)***			

p<.001

위계적 회귀분석의 분석을 살펴본 결과를 〈표 3-20〉에 제시하였다. [모형 1]의 경우 종속변수에 대한 1단계 독립변수(근로능력 정도)의 설명력은 5.9%이며 모형 2의 경우 독립변수(근로능력 정도 + 가족관계 만족도)의 설명력이 12.4%, [모형 3]의 경우 종속변수에 대한 독립변수(근로능력 정도 + 가족관계 만족도 + 사회적 관계 만족도)의 설명력은 12.9%로 나타났다. 즉 독립변수가 추가될수록 설명력이 높아진다는 것을 알 수 있다. 1단계보다 2, 3단계에서는 변화된 R2 역시 증가했다는 것을 알 수 있다.

또한, F값을 살펴보았을 때 [모형 1]의 F=220.422, 유의확률이 .000이므로 유의하였고 [모형 2]의 F=247.304, 유의확률이 .000, [모형 3]의 F= 172.736, 유의확률이 .000이므로 유의하게 나타나 회귀모형의 유의성이 모두 유의한 것으로 확인되었다.

따라서 근로능력정도, 가족관계 만족도, 사회적 관계 만족도(독립변수)이 커질수록 외로움(종속변수)이 높아진다는 것을 나타낸다.

12. 매개분석(매개회귀분석)

1) 매개분석의 개념

매개변수(Nuisance Variable)은 독립변수의 결과이면서 종속변수의 원인이 되는 변수이다. 매개분석(매개회귀분석)은 독립변수가 직접 종속변수에 미치는 영향과, 독립변수가 매개변수를 거쳐서 종속변수에 미치는 영향을 모두 확인해야 한다.

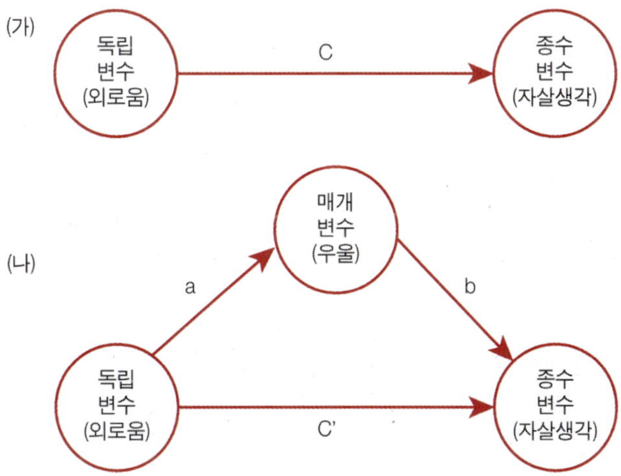

[그림 3-1] 매개분석 모형

[그림 3-1]에서 우울은 외로움(독립변수)과 자살생각(종속변수)의 관계에서 매개변수이다. [그림3-1]의 (가)는 독립변수가 종속변수에 직접영향을 미치는 직접효과(c)를 나타낸 것이고, (나)는 독립변수와 종속변수의 관계를 매개하는 변수가 포함되어 직접효과를 포함해 간접효과도 나타낸 것이다. [그림 3-1]의 (나)는 독립변수와 종속변수의 관계는 크게 두 가지 효과로 구분된다. 한 가지는 직접효과(c')로 독립변수가 종속변수에 직접 연결되는 효과이고, 두 번째는 간접효과 또는 매개효과로 독립변수가 매개변수에 미치는 효과(a)와 매개변수가 종속변수에 미치는 효과(b)이다. [그림 3-1]의 예에서 우울이 외로움과 자살생각의 관계에 유의한 매개효과가 있다면, 외로움을 많

이 느낄수록 우울 감정이 많아지고, 우울감정이 높아짐에 따라 자살생각을 높이게 될 것이다.

매개효과 검정 단계 회귀분석을 이용한 매개효과 검증은 Baron과 Kenny의 매개효과 검증 4단계로 진행된다.

- **1단계** [1단계]는 독립변수가 매개변수로 가는 경로가 유의성 검정에서 유의해야 한다.
- **2단계** [2단계]는 독립변수가 종속변수로 가는 경로가 유의성 검정에서 유의해야 한다.
- **3단계** [3단계]는 독립변수에서 매개변수를 거쳐 종속변수로 가는 경로가 유의성 검정에서 유의해야 한다.
- **4단계** [4단계]는 2단계와 3단계의 표준화계수(β)값 비교를 했을 때, 2단계 > 3단계가 되어야 매개효과가 인정된다.

2) 연구가설

본 분석에서는 매개효과 검증을 위해 회귀분석을 이용하여 분석하고자 한다. 본 분석에서 사용하고자 하는 독립변수는 '외로움'이며, 종속변수는 '자살생각'이고, 매개변수는 '우울'이다. 변수 설정이 완료되었으면 그에 대한 연구가설은 다음과 같다.

연구가설 "외로움이 우울을 매개하여 자살생각에 영향을 미칠 것이다"

귀무가설 "외로움이 우울을 매개하여도 자살생각에 영향을 미치지 않을 것이다"

3) 분석절차

분석예시파일 도문학 SPSS DATA.SAV

> 회귀분석을 연습하기 위해서는 '도문학 SPSS DATA.sav' 파일이 필요해요.

1 데이터 편집기 창에서 데이터를 불러온 후 ❶ [분석(A)] → ❷ [회귀분석(R)] → ❸ [선형(L)]을 선택한다.

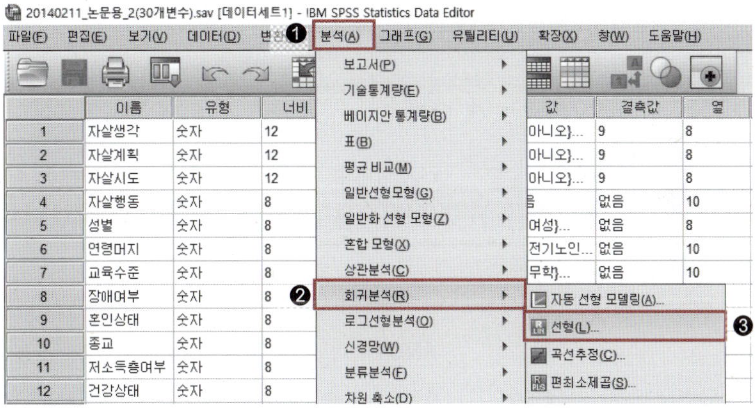

앞서 매개효과 검정은 총 4단계로 분석할 수 있다고 하였다. 본 분석에서는 단계별로 분석하는 절차를 설명하도록 하겠다.

2 1단계 '독립변수→매개변수' 간의 유의성 검정 적용 절차

[선형회귀분석] 창에서 ❶ 종속변수에 매개변수인'우울'을 추가하고, ❷ 독립변수에 '외로움'을 추가한 후 ❸ [확인]을 선택한다. 매개회귀분석에서는 각 단계별로 유의함을 확인해야 한다. 만약 해당 단계의 분석 결과가 유의하지 않으면 이후 단계를 진행하는 것은 의미가 없다.

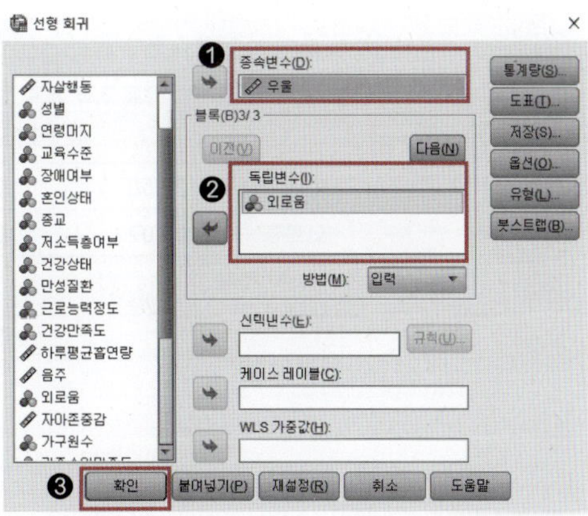

'독립변수→매개변수'의 회귀분석 결과표를 제시한 출력창이 활성화된다.

회귀

입력/제거된 변수[a]

모형	입력된 변수	제거된 변수	방법
1	외로움[b]	.	입력

a. 종속변수: 우울

b. 요청된 모든 변수가 입력되었습니다.

모형 요약

모형	R	R 제곱	수정된 R 제곱	추정값의 표준 오차
1	.726[a]	.527	.527	3.785

a. 예측자: (상수), 외로움

ANOVA[a]

모형		제곱합	자유도	평균제곱	F	유의확률
1	회귀	55948.567	1	55948.567	3905.724	.000[b]
	잔차	50251.269	3508	14.325		
	전체	106199.836	3509			

a. 종속변수: 우울

b. 예측자: (상수), 외로움

계수[a]

모형		비표준화 계수		표준화 계수	t	유의확률
		B	표준화 오류	베타		
1	(상수)	3.250	.078		41.858	.000
	외로움	5.102	.082	.726	62.496	.000

a. 종속변수: 우울

2단계 & 3단계 '독립변수→종속변수', '독립변수→매개변수' 간의 유의성 검정 적용 절차

[1단계]의 결과를 확인한 다음 [2단계]와 [3단계]는 위계적 회귀분석의 방법으로 매개회귀분석을 실시한다. ❶ 종속변수에 종속변수인 '자살생각'을 추가하고, ❷ 독립변수에는 독립변수인 '외로움'을 추가한 후 ❸ [다음]을 선택한다.

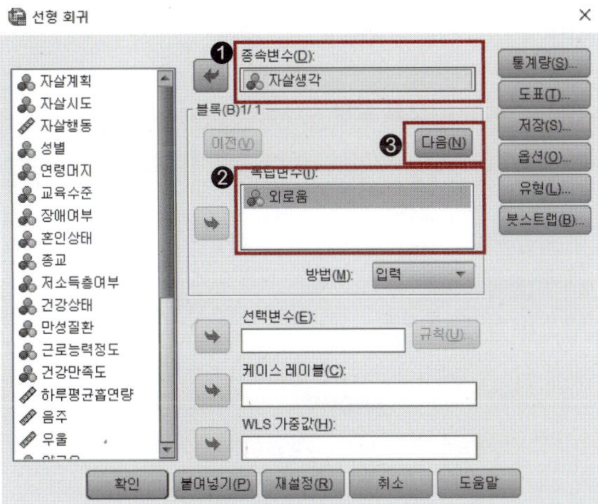

❸ [다음]을 선택한 후 ❹ 독립변수에는 매개변수인 '우울'을 추가한 후 ❺ [확인]을 선택한다.

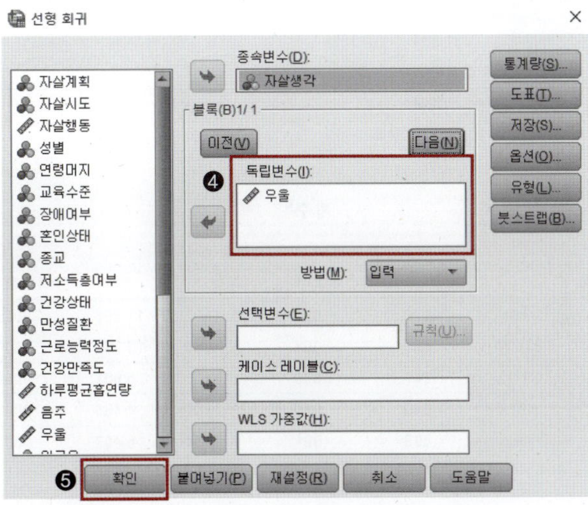

❺ [확인]을 선택하면 회귀분석을 이용한 매개효과 검정 결과표를 제시한 출력창이 활성화된다.

입력/제거된 변수[a]

모형	입력된 변수	제거된 변수	방법
1	외로움[b]	.	입력
2	우울[b]	.	입력

a. 종속변수: 자살생각

b. 요청된 모든 변수가 입력되었습니다.

모형 요약

모형	R	R 제곱	수정된 R 제곱	추정값의 표준오차
1	.218[a]	.048	.047	.326
2	.243[b]	.059	.058	.324

a. 예측자: (상수), 외로움

b. 예측자: (상수), 외로움, 우울

ANOVA[a]

모형		제곱합	자유도	평균제곱	F	유의확률
1	회귀	18.669	1	18.669	175.630	.000[b]
	잔차	372.895	3508	.106		
	전체	391.564	3509			
2	회귀	23.045	2	11.522	109.653	.000[c]
	잔차	368.519	3507	.105		
	전체	391.564	3509			

a. 종속변수: 자살생각

b. 예측자: (상수), 외로움

c. 예측자: (상수), 외로움, 우울

계수[a]

모형		비표준화 계수		표준화 계수		
		B	표준화 오류	베타	t	유의확률
1	(상수)	.078	.007		11.596	.000
	외로움	.093	.007	.218	13.253	.000
2	(상수)	.047	.008		5.801	.000
	외로움	.046	.010	.107	4.485	.000
	우울	.009	.001	.154	6.453	.000

a. 종속변수: 자살생각

4단계 [3단계]까지의 분석이 완료되면 매개분석의 결과를 살펴본다.

[2단계]에서 독립변수인 '외로움'이 종속변수인 '자살생각'으로 가는 표준화계수(β)는 .218이고, 3단계에서 매개변수인 '우울'이 종속변수인 '자살생각'으로 가는 표준화계수(β)는 .107로 나타났다.

2단계 & 3단계 결과

계수[a]

모형		비표준화 계수 B	비표준화 계수 표준화 오류	표준화 계수 베타	t	유의확률
1	(상수)	.078	.007		11.596	.000
	외로움	.093	.007	.218	13.253	.000
2	(상수)	.047	.008		5.801	.000
	외로움	.046	.010	.107	4.485	.000
	우울	.009	.001	.154	6.453	.000

a. 종속변수: 자살생각

따라서 표준화계수(β)를 살펴본 결과, [2단계]의 β값 .218이 [3단계] β값 .107보다 크게 나타나([2단계] > [3단계]), '외로움'이 '자살생각'에 영향을 미치는 데 '우울'이 매개하는 하는 것으로 나타났다.

4) 분석결과를 서지정보에 맞춰 작성하기

〈표 3-21〉 매개회귀분석을 이용한 매개효과 검증 결과

매개효과 검증단계	독립변수	종속변수	표준화계수 (β)	t	p	R^2
1단계	외로움	우울	.726	62.496	.000	.527
2단계	외로움	자살생각	.218	13.253	.000	.047
3단계	외로움	자살생각	.107	4.485	.000	.048
	우울		.154	6.453	.000	.059

외로움이 우울을 매개하여 자살생각에 영향을 미치는지를 알아보기 위해 매개회귀분석을 실시하였다. 그 결과 〈표 3-21〉에 제시된 바와 같이 Baron과 Kenny의 매개효과 검증을 위한 세 가지 가정을 확인할 수 있다. 첫 번째 단계에서 외로움과 우울의 회귀분석을 실시한 결과 표준화계수는 $\beta=.726$, t값은 62.496($p<.001$)로 통계적으로 유의하였다. 이로써, 독립변수(외로움)와 종속변수(매개변수: 우울) 관계가 유의해야 한다는 첫 번째 조건이 만족되었다.

위계적 회귀분석을 활용한 2단계에서 외로움과 자살생각의 회귀분석을 실시한 결과 표준화계수 $\beta=.218$, t값은 13.253($p<.001$)으로 통계적으로 유의하였으므로, 독립변수와 매개변인의 관계가 유의해야 한다는 두 번째 조건도 만족되었다. 이어서 3단계에서는 외로움과 우울을 동시에 투입하여 자살생각과의 유의미한 관계를 검증하였다. 외로움과 자살생각의 관계를 나타내는 표준화계수 $\beta=.107$, t값은 4.485($p<.001$)가 통계적으로 유의하여 세 번째 조건도 만족되었다. 이로써 세 가지 가정이 만족되었으므로 우울이 외로움과 자살생각의 연결고리 역할을 하는 매개효과의 유의성을 검증할 수 있다. 또한, 2단계의 외로움이 자살생각으로 가는 경로의 표준화계수 $\beta=.218$이고, 3단계의 외로움이 자살생각으로 가는 경로의 표준화계수 $\beta=.107$로 2단계 β값이 3단계 β값보다 크므로 우울의 매개효과 나타나는 것으로 확인되었다.

13. 로지스틱 회귀분석

1) 로지스틱 회귀분석의 개념

로지스틱 회귀분석(Logistic Regression Analysis)은 회귀분석 유형 중 하나이다. 회귀분석의 종속변수는 연속형 변수로 사용되는 반면, 로지스틱 회귀분석의 종속변수는 이분형 변수로 사용된다. 특히, 종속변수가 명목척도(이항변수)일 때 사용된다. 예를 들어 로지스틱 회귀분석의 종속변수는 예/아니오, 있다/없다, 자살생각 있음/자살생각 없음 등이 될 수 있다.

종속변수가 '있다'나 '없다' 등 이분형일 경우 일반식으로 표현할 수 없다. 이때 우리는 일반적인 선형함구가 로지스틱 회귀식을 사용하게 된다. 로지스틱 회귀분석의 핵심은 이항변수인 종속변수를 연속변수로 변환시키는 것이다. 이를 위하여 우리는 종속 변수를 확률 값으로 변화시키고 여기에 승산(Odds)을 하여 연속형으로 만들어서 회귀분석을 진행하게 된다. 그러나 이때 확률값은 선형관계가 아니기 때문에 일반 선형 회귀분석과 차이가 있다.

로지스틱 회귀분석을 할 때 사용하는 승산비의 개념을 간략히 살펴보면 다음과 같다. 승산은 확률과 관련된 용어로 어떤 사건이 발생할 확률이 그것을 발생하지 않을 확률로 나눈 것이다. 승산은 특별한 의미를 가지는데, 우리가 특정한 사건이 발생할 확률이 발생하지 않을 확률로 표현할 수 있다는 것이다. 예를 들어 어떤 사건이 발생할 확률이 0.8이면 승산은 0.8/(1-0.8)=4가 된다. 이는 사건이 발생할 가능성이 발생하지 않을 가능성보다 4배 높다는 뜻이다.

승산비는 음수가 나올 수 없다는 한계를 가진다. 확률 구간을 구분하면 S자 곡선이 되는데, 이 S곡선이 로지스틱 곡선이고 그래서 이를 사용한 회귀분석을 로지스틱 회귀분석이라 부르게 되었다. 그런데 회귀분석의 기본방법은 선형함수를 추정하는 것이다. 이에 따라 로지스틱 회귀분석에서는 이 로지스틱 선을 로그(log)값을 취해 직선으로 변환한다. 확률 값에 로그 값에 취하면 선형이 된다. 로그는 값을 중심으로 모아주는 특성을 가지고 있기 때문이다. 큰 값일수록 값이 크게 작아지기 경향이 있기 때문임을 기억해둘 필요가 있다. 또한 로그를 취한 값으로 회귀분석을 진행했기 때문에 데이터를 해석할 때는 로그를 풀어야 하는데. 로그를 원상태로 돌리려면 상수 e를 활용한다.

$$\log = ex$$

2) 연구가설

로지스틱 회귀분석을 위한 연구가설은 다음과 같다. 이때, 종속변수는 앞서 언급한 바와 같이 종속변수는 이항변수로 구성이 되어 있어야 함을 알린다. 본 분석에서 독립변수는 '우울', '자아존중감'이며, 종속변수는 '자살생각', '자살계획', '자살시도'이다. 이때, 3개 종속변수는 '예', '아니오'로 구성되어 있다.

연구가설 "우울과 자아존중감은 자살생각에 영향을 미칠 것이다"

귀무가설 "우울과 자아존중감은 자살생각에 영향을 미치지 않을 것이다"

3) 분석절차

로지스틱 회귀분석을 연습하기 위해서는 '도문학 SPSS DATA.sav' 파일이 필요해요.

분석예시파일	도문학 SPSS DATA.SAV

1 데이터 편집기 창에서 데이터를 불러 온 후 ❶ [분석(A)] → ❷ [회귀분석(R)] → ❸ [이분형 로지스틱(G)]를 선택한다.

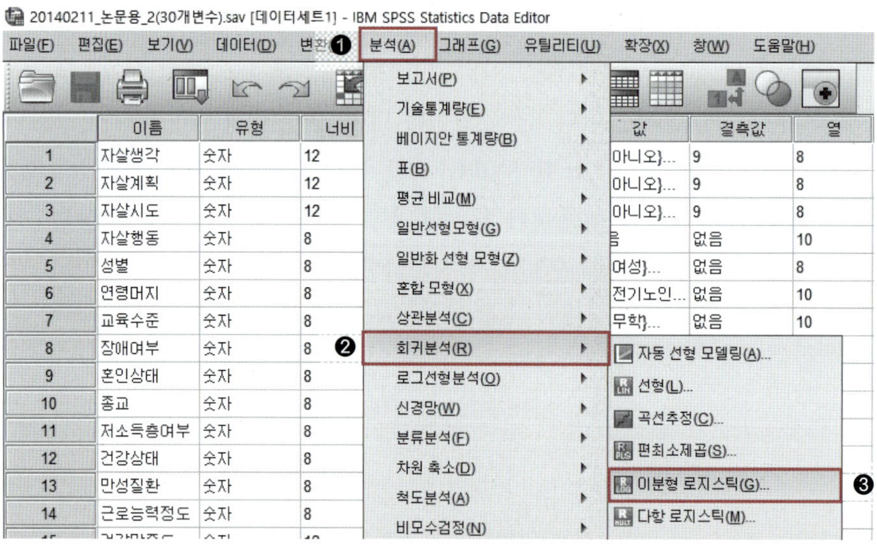

2 [로지스틱 회귀 모형] 창에서 ❶ 종속변수에 종속변수인 '자살생각'을 추가한 후 ❷ 공변량에 독립변수인 '우울'과 '자아존중감'을 추가한다. 다음 ❸ [옵션]을 선택해 필요한 정보를 선택하고 ❹ [확인]을 선택한다.

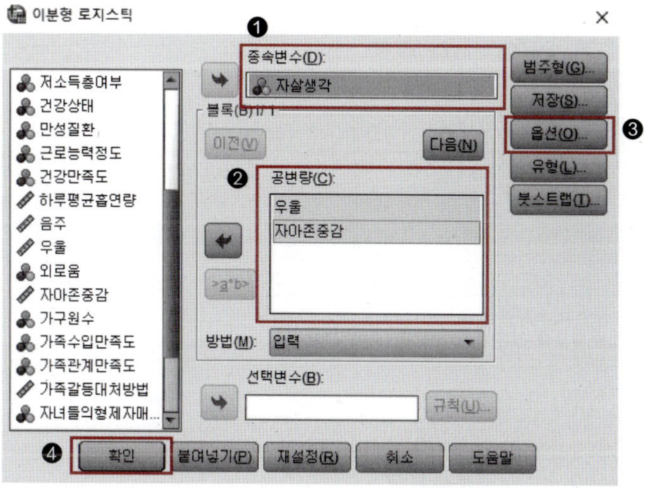

3 [옵션] 창의 ❺ 통계량 및 도표에 [Hosmer-Lemeshow 적합도(H)]와 [exp(B)에 대한 신뢰구간(X)]을 체크한 후 ❻ [계속]을 클릭한다.

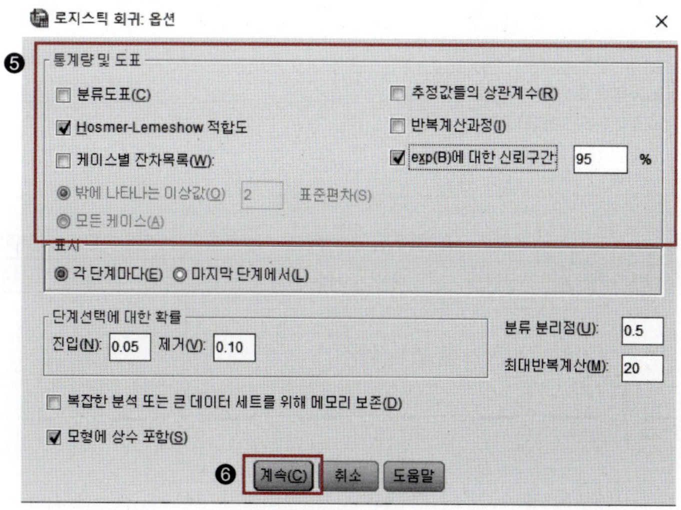

4 초기 이분형 로지스틱 창의 [옵션]에서 필요한 정보를 모두 선택한 후 마지막으로 ❹ [확인]을 선택하면 로지스틱 회귀분석의 결과표를 제시한 출력 창이 활성화 된다.

로지스틱 회귀

케이스 처리 요약

가중되지 않은 케이스[a]		N	퍼센트
선택 케이스	분석에 포함	3510	100.0
	결측 케이스	1	.0
	전체	3511	100.0
비선택 케이스		0	.0
전체		3511	100.0

a. 가중값을 사용하는 경우에는 전체 케이스 수의 분류표를 참조하십시오.

종속변수 인코딩

원래 값	내부 값
아니오	0
예	1

블록 0: 시작 블록

분류표[a,b]

관측됨			예측: 자살생각 아니오	예측: 자살생각 예	예측: 분류정확 %
0 단계	자살생각	아니오	3061	0	100.0
		예	449	0	.0
	전체 퍼센트				87.2

a. 모형에 상수항이 있습니다.

b. 절단값은 .500입니다.

방정식의 변수

		B	S.E.	Wald	자유도	유의확률	Exp(B)
0 단계	상수항	-1.919	.051	1442.670	1	.000	.147

방정식에 없는 변수

			점수	자유도	유의확률
0 단계	변수	우울	187.627	1	.000
		자아존중감	63.899	1	.000
	전체 통계량		188.438	2	.000

블록 1: 방법 = 입력

모형 계수의 총괄 검정

		카이제곱	자유도	유의확률
1 단계	단계	163.751	2	.000
	블록	163.751	2	.000
	모형	163.751	2	.000

모형 요약

단계	-2 로그 우도	Cox와 Snell의 R-제곱	Nagelkerke R-제곱
1	2520.795[a]	.046	.085

a. 모수 추정값이 .001보다 작게 변경되어 계산반복 수 4에서 추정을 종료하였습니다.

= Hosmer와 Lemeshow 검정 =

단계	카이제곱	자유도	유의확률
1	8.101	8	.424

Hosmer와 Lemeshow 검정에 대한 분할표

		자살생각 = 아니오		자살생각 = 예		
		관측됨	예측됨	관측됨	예측됨	전체
1 단계	1	321	324.645	25	21.355	346
	2	332	328.952	21	24.048	353
	3	325	324.240	26	26.760	351
	4	331	321.825	21	30.175	352
	5	313	311.035	31	32.965	344
	6	298	305.916	45	37.084	343
	7	307	307.540	44	43.460	351
	8	288	295.996	59	51.004	347
	9	292	287.108	61	65.892	353
	10	254	253.737	116	116.263	370

분류표[a]

관측됨			예측: 자살생각 아니오	예	분류정확 %
1 단계	자살생각	아니오	3051	10	99.7
		예	441	8	1.8
	전체 퍼센트				87.2

a. 절단값은 .500입니다.

방정식의 변수

		B	S.E.	Wald	자유도	유의확률	Exp(B)	EXP(B)에 대한 95% 신뢰구간 하한	상한
1 단계[a]	우울	.098	.010	102.176	1	.000	1.103	1.082	1.124
	자아존중감	-.017	.014	1.424	1	.233	.983	.956	1.011
	상수항	-2.157	.440	24.044	1	.000	.116		

a. 변수가 1: 우울, 자아존중감 단계에 입력되었습니다.

4) 분석결과를 서지정보에 맞춰 작성하기

〈표 3-22〉 로지스틱 회귀분석 분석결과

종속변수	독립변수	O.R.	95% C.I.
자살생각	우울	1.103^{***}	1.082-1.124
	자아존중감	.983	0.956-1.011
x^2=163.751***, Nagelkerke R^2=.046, Hosmer & Lemeshow x^2=8.101			

노인의 자살생각에 영향을 미치는 변수를 확인하기 위해 로지스틱 회귀분석을 실시하였으며, 그에 대한 결과를 〈표 3-22〉에 제시하였다. 노인의 자살생각에 영향을 미치는 변수는 "우울이 높을수록"으로 나타났다. 자살생각의 모형계수의 전체 테스트 결과 x^2는 163.751(p〈.001)로 유의하게 나타났다. 자살생각에 대한 Nagelkerke의 R^2는 4.6%를 설명했고, Hosmer & Lemeshow x^2는 8.101(p〉.05)는 통계적으로 유의하지 않게 나타나 적합한 모형으로 나타났다.

14. ROC Curve 분석

1) ROC Curve 분석의 개념

ROC Curve(Receiver Operating Characteristic Curve) 분석은 선별도구의 이상적인 절단 점수를 결정하기 위해 사용할 수 있는 분석방법이다. ROC Curve는 의학 및 역학에서 주로 사용되고 있으며, 검사한 수치의 민감도(Sensitivity)와 특이도(Specificity)로 나타내는 곡선을 산출하게 된다. 여기서 민감도는 어떤 선별검사 도구를 사용하였을 때, 특정문제가 있다고 보고한 개인들 중에서 몇 %가 진양(true positive)인지 확인하는 수치이고, 특이도는 선별도구를 통해서 특정문제를 가지고 있지 않다고 응답한 개인들 중에서 몇 %가 진음(true negative)인지 확인하는 수치이다.

민감도는 Y축에 해당하고, 1−특이도는 X축에 해당한다. ROC Curve 곡선이 왼쪽 상단에 위치할수록 선별도구의 정확성이 높아진다고 볼 수 있다. 그리고 ROC Curve의 그래프에서 곡선 아래의 면적을 AUC(Area Under Curve)라고 하는데, 이 면적은 선별도구의 정확성을 나타내는 것이며, 민감도와 특이도를 더한 값에 2로 나눈 값과 같다고 볼 수 있다. AUC가 1.0일 경우에는 완벽한 진단검사로 볼 수 있는데, 이러한 경우는 거의 드물다. 반면, AUC가 0.5 이하일 때는 진단검사로 적합하지 않은 것으로 볼 수 있다. AUC가 0.9에서 1.0 미만일 때 매우 정확한 것이며, AUC가 0.7에서 0.9 이하일 때 비교적 정확한 것으로 해석할 수 있다. 민감도와 특이도를 계산한 뒤 선별도구의 선별기준값(Cut-off point, Cut-off Value)을 구하는 것이 일반적이다.

2) 연구가설

ROC Curve의 분석 연구가설을 세우기 위해서는 먼저, 종속변수와 독립변수 간의 상관관계 분석 결과 정적결과로 나타나야 함을 전제한다. 본 분석에 사용하고자 하는 독립변수는 '자살생각'이며, 종속변수는 '우울'이다. 변수 설정이 완료되었으면 그에 대한 연구가설은 다음과 같다.

연구가설 자살생각을 한 적이 있다고 응답한 노인들을 선별하는 우울변수의 선별기준값을 제시한다.

3) 분석절차

Roc Curve 분석을 연습하기 위해서는 '도문학 SPSS DATA.sav' 파일이 필요해요.

분석예시파일	도문학 SPSS DATA.SAV

1 데이터 편집기 창에서 데이터를 불러 온 후 ❶ [분석(A)] → ❷ [ROC 곡선(V)]을 선택한다.

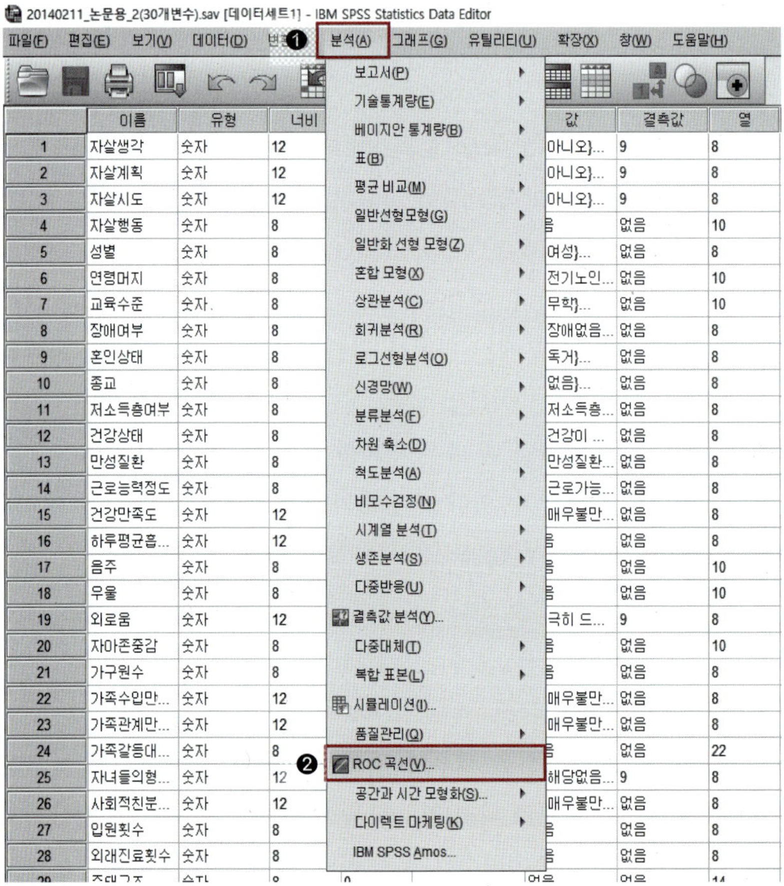

2 [ROC 곡선] 창에서 ❶ 검정변수는 종속변수인 '우울'을 추가하고, ❷ 상태변수는 독립변수인 '자살생각'을 추가한 후 ❸ 상태변수 양의 값은 자살생각이 있는 1을 기입하여야 한다. 이어서 ❹ 표시는 [ROC 곡선], [대각선 참조선 있음], [표준오차 및 신뢰구간], [ROC 곡선의 좌표선]을 체크한 후 ❺ [확인]을 선택한다.

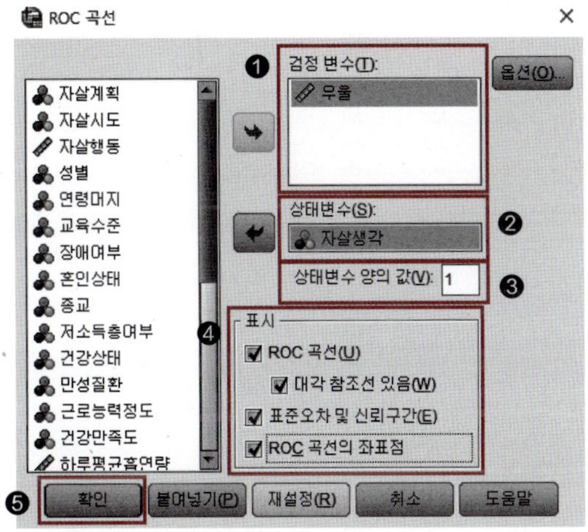

3 ROC 곡선 분석이 끝나면 ROC 곡선 결과표를 제시한 출력결과 창이 활성화된다.

ROC 곡선

케이스 처리 요약

자살생각	유효 N(목록별)
양(+)[a]	449
음(-)	3061
결측	1

검정 결과 변수 값이 클수록 실제 양의 반응에 대한 검정 결과가 타당함을 나타냅니다.

a. 실제 양의 반응은 예입니다.

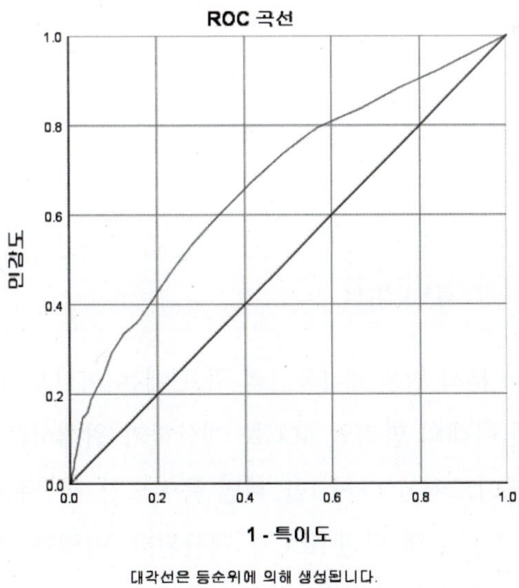

곡선의 좌표

검정 결과 변수: 우울

이상인 값부터 양(+)[a]	민감도	1 - 특이도
-1.00	1.000	1.000
.50	.922	.843
1.50	.884	.754
2.50	.837	.667
3.50	.795	.569
4.50	.735	.486
5.50	.670	.413
6.50	.599	.342
7.50	.535	.281
8.50	.470	.231
9.50	.410	.190
10.50	.363	.157
11.50	.334	.123
12.50	.292	.096
13.50	.238	.076
14.50	.212	.061
15.50	.187	.048
16.50	.160	.041
17.50	.147	.029
18.50	.120	.024
19.50	.100	.022
20.50	.089	.019
21.50	.067	.015
22.50	.053	.011
23.50	.033	.009
24.50	.024	.006
25.50	.011	.004
26.50	.011	.002
27.50	.007	.001
28.50	.007	.001
30.00	.007	.000
32.00	.000	.000
34.00	.000	.000

검정 결과 변수:우울에는 실제 양의 반응 집단과 실제 음의 반응 집단 사이에 하나 이상의 동순위가 있습니다.

곡선 아래 영역

검정 결과 변수: 우울

영역	표준화 오류[a]	근사 유의확률[b]	근사 95% 신뢰구간	
			하한	상한
.673	.014	.000	.646	.701

검정 결과 변수: 우울에는 실제 양의 반응 집단과 실제 음의 반응 집단 사이에 하나 이상의 동순위가 있습니다. 통계량은 편향될 수 있습니다.

a. 비모수 분포 가정

b. 영가설: 실제 영역 = 0.5

4) 분석결과 정리하기

ROC Curve 분석 결과 중 [곡선의 좌표]에는 이상부터 정(+), 민감도, 1−특이도가 제시된다. 곡선 아래의 면적인 AUC를 계산하기 위해서는 다음과 과정이 필요하다. 먼저, 제시된 1−특이도에서 다시 1을 빼면 특이도가 계산된다. 그리고 다음, 민감도와 특이도를 더해 2로 나누게 되면 AUC가 계산된다. 이렇게 계산된 AUC 결과치 중에서 가장 큰 값을 찾는 과정이 필요하다. 아래 결과에서 AUC가 0.629가 가장 큰 것으로 나타났다. 5.50점의 민감도는 .670, 특이도는 .587, 6.50점의 민감도는 .599, 특이도는 .658이었는데, 이때 기준은 민감도가 더 큰 값을 선택하는 것이 적절하다. 왜냐하면, 진양인 케이스를 민감하게 잘 선택할 수 있음을 의미하기 때문이다.

〈표 3-23〉 곡선의 좌표

검정 결과 변수: 우울

이상부터 정(+)[a]	민감도	1 - 특이도	특이도	AUC
-1.00	1.000	1.000	0.000	0.500
.50	.922	.843	0.157	0.540
1.50	.884	.754	0.246	0.565
2.50	.837	.667	0.333	0.585
3.50	.795	.569	0.431	0.613
4.50	.735	.486	0.514	0.624
5.50	.670	.413	0.587	0.629
6.50	.599	.342	0.658	0.629
7.50	.535	.281	0.719	0.627
8.50	.470	.231	0.769	0.620
9.50	.410	.190	0.810	0.610
10.50	.363	.157	0.843	0.603
11.50	.334	.123	0.877	0.605
12.50	.292	.096	0.904	0.598
13.50	.238	.076	0.924	0.581
14.50	.212	.061	0.939	0.575
15.50	.187	.048	0.952	0.569
16.50	.160	.041	0.959	0.560
17.50	.147	.029	0.971	0.559
18.50	.120	.024	0.976	0.548
19.50	.100	.022	0.978	0.539
20.50	.089	.019	0.981	0.535
21.50	.067	.015	0.985	0.526
22.50	.053	.011	0.989	0.521
23.50	.033	.009	0.991	0.512
24.50	.024	.006	0.994	0.509
25.50	.011	.004	0.996	0.504
26.50	.011	.002	0.998	0.504
27.50	.007	.001	0.999	0.503
28.50	.007	.001	0.999	0.503
30.00	.007	.000	1.000	0.503

5) 분석결과를 서지정보에 맞춰 작성하기

자살생각을 한 적이 있는 노인들을 기준으로 우울에 대한 ROC Curve 분석 결과를 나타냈으며, 분석결과에는 선별기준값과 민감도, 특이도, AUC를 제시하였다. 구체적인 결과는 〈표 3-24〉를 참고하면 된다. 결과에서는 5점과 6점에서 AUC가 .629로 동일하게 가장 높았고, 구체적으로는 5점에서 민감도 67.0%, 특이도 58.7%, 6점에서 민감도 59.9%, 특이도 65.8%로 나타났다. 어느 하나의 선별기준값을 정하기 위해서는 민감도와 특이도 중에 민감도를 우선적으로 고려하는 것이 필요하다. 5점의 민감도 0.670, 6점의 민감도 0.599으로 5점의 민감도가 더 크기에 선별기준값으로 5점을 선택하는 것이 적절하다. 민감도가 높은 것을 기준으로 삼는 이유로는 자살위험이 있는 노인들을 좀 더 잘 선별할 수 있기 때문이다.

〈표 3-24〉 자살생각과 우울의 ROC Curve 분석결과

우울, 기준: 자살생각(예) AUC=.629, 95% C.I=.646-.701			
선별기준값	민감도	특이도	AUC
0점	.922	0.157	0.540
1점	.884	0.246	0.565
2점	.837	0.333	0.585
3점	.795	0.431	0.613
4점	.735	0.514	0.624
5점	.670	0.587	0.629
6점	.599	0.658	0.629
7점	.535	0.719	0.627
8점	.470	0.769	0.620
9점	.410	0.810	0.610

참고문헌

김두섭, 강남준. (2008). 회귀분석: 기초와 응용. 서울: 나남출판.

김요한, 윤성호, 김정현. (2012). 판매촉진 유형에 따른 설득 효과: 시간적 거리감과 메시지 프레이밍의 조절효과를 중심으로. 언론과학연구, 12(4), 141-178.

김윤희. (2011). 담배광고 비판교육의 청소년 흡연예방 효과성 검증. 석사학위논문, 계명대학교.

김해경. (2001). 통계적 추론. 서울: 아카넷.

노경섭. (2019). 제대로 알고 쓰는 논문 통계분석: SPSS & AMOS. 서울: 한빛아카데미.

도문학. (2014). 노인자살의 생태체계요인에 대한 탐색연구: 자살고위험군 노인 선별을 위한 ROC Curve를 중심으로. 석사학위논문, 계명대학교.

도문학, 허만세. (2015). 노인자살의 생태체계요인에 대한 탐색연구: 자살고위험군 노인선별을 위한 ROC Curve의 적용. 사회과학연구, 31(2), 45-72.

박광배. (2000). 다변량분석. 서울: 학지사.

박광배. (2008). 변량분석과 회귀분석(개정판). 서울: 학지사.

양병화. (1998). 다변량 자료분석의 이해와 활용. 서울: 학지사.

유태균, 김경휘. (2013). 사회복지 자료분석의 기초원리. 경기도: 공동체.

이기봉, 김영숙. (2006). 체육 분야의 인과관계 연구에서 매개변인의 효과 검증. 체육과학연구, 17(3), 33-44.

이명천, 김요한. (2014). SPSS를 이용한 사회과학통계. 서울: 커뮤니케이션북스.

이종환. (2014). 제2판 SPSS를 이용한 조사방법 및 통계분석의 이해와 적용. 서울: 공동체.

조재근 역. 스티븐 스티글러 저. (2006). 통계학의 역사. 서울: 한길사.

한국복지패널. (2006). 한국복지실태조사(가구원용). 서울: 보건사회연구원, 서울대사회복지연구소.

허만세, 도문학, 김영숙. (2016). 노인 자살위험군 선별을 위한 CES-D의 임계치 개발: 농촌노인을 중심으로. 정신건강과 사회복지, 44(2), 59-85.

Brown, W. (1910), Some Experimental Results in the Correlation of Mental Abilities. *British Journal of Psychology, 3*, 296-322.

Rubin, A., & Babbie, E. (2001). *Research Methods for Social Workers*. Stanford, CT: Wadsworth.

Spearman, C. (1910), Correlation Calculated From Faulty Data. *British Journal of Psychology, 3*, 271-295.

부록

1. 변수유형에 따른 분석방법

종속변수의 수	종속변수의 유형	독립변수의 수와 유형	통계분석 기법
1개	등간, 비율	독립변수 없음	일표본 t-검정(one-sample t-test)
	서열 또는 등간		일표본 윌콕슨 순위부호 검정 (One-sample Wilcoxon signed rank test)
	범주(수준 2개)		이항검정(Binomial test)
	범주		카이제곱 적합도 검정 (Chi-square goodness-of-fit test)
	등간, 비율	독립변수 1개 수준: 2개 유형: 독립적인 집단	독립표본 t-test(independent samples t-test)
	서열 또는 등간		맨 위트니U검정(Mann Whitney U test)
	범주		카이제곱 검정(Chi-Squared test)
			피셔의 정확검정(Fisher's exact test)
	등간, 비율	독립변수 1개 수준: 2개 이상 유형: 독립적인 집단	일원배치 분산분석(One-way ANOVA)
	서열 또는 등간		쿠르스칼 왈리스 검정(Kruskal-Walls H)
	범주		카이제곱 검정(Chi-Squared test)
	등간, 비율	독립변수: 1개 수준: 2개 유형: 종속/짝지어진 집단	대응표본 t-test(paired samples t-test)
	서열 또는 등간		윌콕슨 부호 순위 테스트 (Wilcoxon signed-Rank test)
	범주		맥네마 테스트(McNemar test)
	등간, 비율	독립변수: 1개 수준: 2개 이상 유형: 종속/짝지어진 집단	일원배치 반복측정 분산분석 (One-way repeated measures ANOVA)
	서열 또는 등간		프리드먼 검정(Friedman test)
	범주		반복측정 로지스틱 회귀분석 (Repeated measures logistic regression)
	등간, 비율	독립변수: 1개 유형: 등간	상관분석(Correlation Analysis)
			단순 선형 회귀분석(Simple Linear regression)
	서열 또는 등간		비모수적 상관분석 (Non-parametric correlation analysis)

<table>
<tr><th>종속변수의 수</th><th>종속변수의 유형</th><th>독립변수의 수와 유형</th><th>통계분석 기법</th></tr>
<tr><td rowspan="9"></td><td>범주</td><td></td><td>단순 로지스틱 회귀분석
(simple logistic regression)</td></tr>
<tr><td>등간, 비율</td><td rowspan="3">독립변수: 2개
유형: 독립적인 집단</td><td>다원배치 분산분석
(Factorial ANOVA)</td></tr>
<tr><td>서열 또는 등간</td><td>순서로지스틱 회귀분석
(Ordered logistic Regression)</td></tr>
<tr><td>범주</td><td>다항 로지스틱 회귀분석
(Factorial logistic regression)</td></tr>
<tr><td rowspan="2">등간, 비율</td><td rowspan="4">독립변수: 1개
유형: 등간 또는 범주</td><td>다중 회귀분석
(multiple regression)</td></tr>
<tr><td>공변량 분석
(Analysis of Covariance)</td></tr>
<tr><td rowspan="2">범주</td><td>다항 로지스틱 회귀분석
(Multiple logistic regression)</td></tr>
<tr><td>판별분석
(Discriminant analysis)</td></tr>
<tr style="display:none"></tr>
<tr><td rowspan="3">2개</td><td rowspan="3">등간, 비율</td><td>독립변수: 1개
수준: 2개 이상
유형: 독립적인 집단</td><td>일원다변량분산분석
(One-way MANOVA)</td></tr>
<tr><td>독립변수: 2개 이상</td><td>다변량 다중 선형 회귀분석
(Multivariate Multiple linear regression)</td></tr>
<tr><td>독립변수 없음</td><td>요인분석
(Factor analysis)</td></tr>
<tr><td>2개 이상
두쌍</td><td>등간, 비율</td><td>독립변수: 없음</td><td>정준상관분석
(Canonical Correlation)</td></tr>
</table>

※종속변수가 등간 및 비율변수인 경우 정규성을 가정함.

2. 표준정규분포표

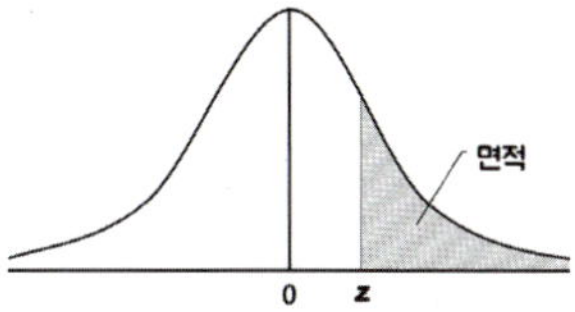

z	.00	.01	.02	.03	.04	.05	.06	.07	.08	.09
.0	.5000	.4960	.4920	.4880	.4840	.4801	.4761	.4721	.4681	.4641
.1	.4602	.4562	.4522	.4483	.4443	.4404	.4364	.4325	.4286	.4247
.2	.4207	.4168	.4129	.4090	.4052	.4013	.3974	.3936	.3897	.3859
.3	.3821	.3873	.3745	.3707	.3669	.3632	.3594	.3557	.3520	.3483
.4	.3446	.3409	.3372	.3336	.3300	.3264	.3228	.3192	.3156	.3121
.5	.3085	.3050	.3015	.2981	.2946	.2912	.2877	.2843	.2810	.2776
.6	.2743	.2709	.2676	.2643	.2611	.2578	.2546	.2514	.2483	.2451
.7	.2420	.2389	.2358	.2327	.2296	.2266	.2236	.2206	.2117	.2148
.8	.2119	.2090	.2061	.2033	.2005	.1977	.1949	.1922	.1894	.1867
.9	.1841	.1814	.1788	.1762	.1736	.1711	.1685	.1660	.1635	.1611
1.0	.1587	.1562	.1539	.1515	.1492	.1469	.1446	.1423	.1401	.1379
1.1	.1357	.1335	.1314	.1292	.1271	.1251	.1230	.1210	.1190	.1170
1.2	.1151	.1131	.1112	.1093	.1075	.1056	.1038	.1020	.1003	.0985
1.3	.0968	.0951	.0934	.0918	.0901	.0885	.0869	.0853	.0838	.0823
1.4	.0808	.0793	.0778	.0764	.0749	.0735	.0721	.0708	.0694	.0681
1.5	.0668	.0655	.0643	.0630	.0618	.0606	.0594	.0582	.0571	.0559
1.6	.0548	.0537	.0526	.0516	.0505	.0495	.0485	.0475	.0465	.0455
1.7	.0446	.0436	.0427	.0418	.0409	.0401	.0392	.0384	.0375	.0367
1.8	.0359	.0351	.0344	.0366	.0329	.0322	.0314	.0307	.0301	.0294
1.9	.0287	.0281	.0274	.0268	.0262	.0256	.0250	.0244	.0239	.0233
2.0	.0228	.0222	.0217	.0212	.0207	.0202	.0197	.0192	.0188	.0183
2.1	.0179	.0174	.0170	.0166	.0162	.0158	.0154	.0150	.0146	.0143
2.2	.0139	.0136	.0132	.0129	.0125	.0122	.0119	.0116	.0113	.0110
2.3	.0107	.0104	.0102	.0099	.0096	.0094	.0091	.0089	.0087	.0084
2.4	.0082	.0080	.0078	.0075	.0073	.0071	.0069	.0068	.0066	.0064
2.5	.0062	.0060	.0059	.0057	.0055	.0054	.0052	.0051	.0049	.0048
2.6	.0047	.0045	.0044	.0043	.0041	.0040	.0039	.0038	.0037	.0036
2.7	.0035	.0034	.0033	.0032	.0031	.0030	.0029	.0028	.0027	.0026
2.8	.0026	.0025	.0024	.0023	.0023	.0022	.0021	.0020	.0020	.0019
2.9	.0019	.0018	.0018	.0017	.0016	.0016	.0015	.0015	.0014	.0014
3.0	.0013	.0013	.0013	.0012	.0012	.0011	.0011	.0010	.0010	.0010

2. 표준정규분포표(계속)

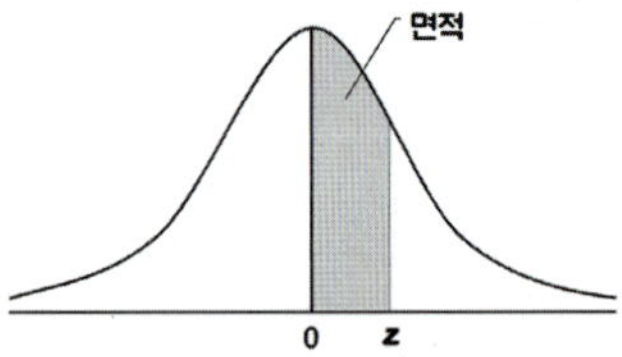

z	.00	.01	.02	.03	.04	.05	.06	.07	.08	.09
.0	.0000	.0040	.0080	.0120	.0160	.0199	.0239	.0279	.0319	.0359
.1	.0398	.0438	.0478	.0517	.0557	.0596	.0636	.0675	.0714	.0753
.2	.0793	.0832	.0871	.0910	.0948	.0987	.1026	.1064	.1103	.1141
.3	.1179	.1217	.1255	.1293	.1331	.1368	.1406	.1443	.1480	.1517
.4	.1554	.1591	.1628	.1664	.1700	.1736	.1772	.1808	.1844	.1879
.5	.1915	.1950	.1985	.2019	.2054	.2088	.2123	.2157	.2190	.2224
.6	.2257	.2291	.2324	.2357	.2389	.2422	.2454	.2486	.2518	.2549
.7	.2580	.2611	.2642	.2673	.2704	.2734	.2764	.2794	.2823	.2852
.8	.2881	.2910	.2939	.2967	.2995	.3023	.3051	.3078	.3106	.3133
.9	.3159	.3186	.3212	.3238	.3264	.3289	.3315	.3340	.3365	.3389
1.0	.3413	.3438	.3461	.3485	.3508	.3531	.3554	.3577	.3599	.3621
1.1	.3643	.3665	.3686	.3708	.3729	.3749	.3770	.3790	.3810	.3830
1.2	.3849	.3869	.3888	.3907	.3925	.3944	.3962	.3980	.3997	.4015
1.3	.4032	.4049	.4066	.4082	.4099	.4115	.4131	.4147	.4162	.4177
1.4	.4192	.4207	.4222	.4236	.4251	.4265	.4279	.4292	.4306	.4319
1.5	.4332	.4345	.4357	.4370	.4382	.4394	.4406	.4418	.4429	.4441
1.6	.4452	.4463	.4474	.4484	.4495	.4505	.4515	.4525	.4535	.4545
1.7	.4554	.4564	.4573	.4582	.4591	.4599	.4608	.4616	.4625	.4633
1.8	.4641	.4649	.4656	.4664	.4671	.4678	.4686	.4693	.4699	.4706
1.9	.4713	.4719	.4726	.4732	.4738	.4744	.4750	.4756	.4761	.4767
2.0	.4772	.4778	.4783	.4788	.4793	.4798	.4803	.4808	.4812	.4817
2.1	.4821	.4826	.4830	.4834	.4838	.4842	.4846	.4850	.4854	.4857
2.2	.4861	.4864	.4868	.4871	.4875	.4878	.4881	.4884	.4887	.4890
2.3	.4893	.4896	.4898	.4901	.4904	.4906	.4909	.4911	.4913	.4916
2.4	.4918	.4920	.4922	.4925	.4927	.4929	.4931	.4932	.4934	.4936
2.5	.4938	.4940	.4941	.4943	.4945	.4946	.4948	.4949	.4951	.4952
2.6	.4953	.4955	.4956	.4957	.4959	.4960	.4961	.4962	.4963	.4964
2.7	.4965	.4966	.4967	.4968	.4969	.4970	.4971	.4972	.4973	.4974
2.8	.4974	.4975	.4976	.4977	.4977	.4978	.4979	.4980	.4980	.4981
2.9	.4981	.4982	.4983	.4983	.4984	.4984	.4985	.4985	.4986	.4986
3.0	.4987	.4987	.4987	.4988	.4988	.4989	.4989	.4989	.4990	.4990

2. 표준정규분포표(계속)

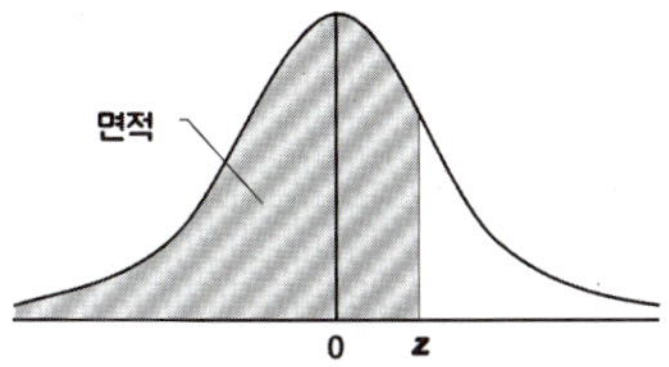

z	.00	.01	.02	.03	.04	.05	.06	.07	.08	.09
.0	.5000	.5040	.5080	.5120	.5160	.5199	.5239	.5279	.5319	.5359
.1	.5398	.5438	.5478	.5517	.5557	.5596	.5636	.5675	.5714	.5753
.2	.5793	.5832	.5871	.5910	.5948	.5987	.6026	.6064	.6103	.6141
.3	.6179	.6217	.6255	.6293	.6331	.6368	.6406	.6443	.6480	.6517
.4	.6554	.6591	.6628	.6664	.6700	.6736	.6772	.6808	.6844	.6879
.5	.6915	.6950	.6985	.7019	.7054	.7088	.7123	.7157	.7190	.7224
.6	.7257	.7291	.7324	.7357	.7389	.7422	.7454	.7486	.7517	.7549
.7	.7580	.7611	.7642	.7673	.7704	.7734	.7764	.7794	.7823	.7852
.8	.7881	.7910	.7939	.7967	.7995	.8023	.8051	.8078	.8106	.8133
.9	.8159	.8186	.8212	.8238	.8264	.8289	.8315	.8340	.8365	.8389
1.0	.8413	.8438	.8461	.8485	.8508	.8531	.8554	.8577	.8599	.8621
1.1	.8643	.8665	.8686	.8708	.8729	.8749	.8770	.8790	.8810	.8830
1.2	.8849	.8869	.8888	.8907	.8925	.8944	.8962	.8980	.8997	.9015
1.3	.9032	.9049	.9066	.9082	.9099	.9115	.9131	.9147	.9162	.9177
1.4	.9192	.9207	.9222	.9236	.9251	.9265	.9279	.9292	.9306	.9319
1.5	.9332	.9345	.9357	.9370	.9382	.9394	.9406	.9418	.9429	.9441
1.6	.9452	.9463	.9474	.9484	.9495	.9505	.9515	.9525	.9535	.9545
1.7	.9554	.9564	.9573	.9582	.9591	.9599	.9608	.9616	.9625	.9633
1.8	.9641	.9649	.9656	.9664	.9671	.9678	.9686	.9693	.9699	.9706
1.9	.9713	.9719	.9726	.9732	.9738	.9744	.9750	.9756	.9761	.9767
2.0	.9772	.9778	.9783	.9788	.9793	.9798	.9803	.9808	.9812	.9817
2.1	.9821	.9826	.9830	.9834	.9838	.9842	.9846	.9850	.9854	.9857
2.2	.9861	.9864	.9868	.9871	.9875	.9878	.9881	.9884	.9887	.9890
2.3	.9893	.9896	.9898	.9901	.9904	.9906	.9909	.9911	.9913	.9916
2.4	.9918	.9920	.9922	.9925	.9927	.9929	.9931	.9932	.9934	.9936
2.5	.9938	.9940	.9941	.9943	.9945	.9946	.9948	.9949	.9951	.9952
2.6	.9953	.9955	.9956	.9957	.9959	.9960	.9961	.9962	.9963	.9964
2.7	.9965	.9966	.9967	.9968	.9969	.9970	.9971	.9972	.9973	.9974
2.8	.9974	.9975	.9976	.9977	.9977	.9978	.9979	.9979	.9980	.9981
2.9	.9981	.9982	.9982	.9983	.9984	.9984	.9985	.9985	.9986	.9986
3.0	.9987	.9987	.9987	.9988	.9988	.9989	.9989	.9989	.9990	.9990

3. t분포표(단측검증)

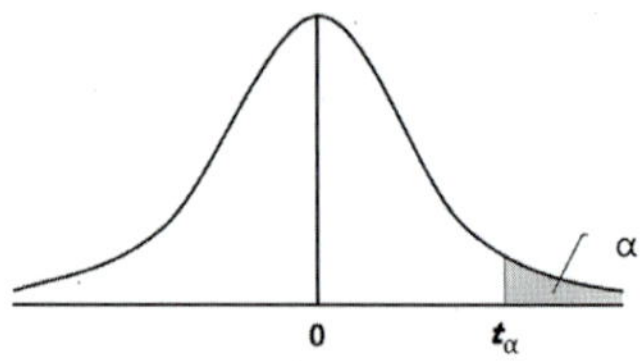

df	$t_{.10}$	$t_{.05}$	$t_{0.25}$	$t_{.01}$	$t_{.005}$	$t_{.001}$
1	3.078	6.314	12.706	31.821	63.656	318.289
2	1.886	2.920	4.303	6.965	9.925	22.328
3	1.638	2.353	3.182	4.541	5.841	10.214
4	1.533	2.132	2.776	3.747	4.604	7.173
5	1.476	2.015	2.571	3.365	4.032	5.894
6	1.440	1.943	2.447	3.143	3.707	5.208
7	1.415	1.895	2.365	2.998	3.499	4.785
8	1.397	1.860	2.306	2.896	3.355	4.501
9	1.383	1.833	2.262	2.821	3.250	4.297
10	1.372	1.812	2.228	2.764	3.169	4.144
11	1.363	1.796	2.201	2.718	3.106	4.025
12	1.356	1.782	2.179	2.681	3.055	3.930
13	1.350	1.771	2.160	2.650	3.012	3.852
14	1.345	1.761	2.145	2.624	2.977	3.787
15	1.341	1.753	2.131	2.602	2.947	3.733
16	1.337	1.746	2.120	2.583	2.921	3.686
17	1.333	1.740	2.110	2.567	2.898	3.646
18	1.330	1.734	2.101	2.552	2.878	3.610
19	1.328	1.729	2.093	2.539	2.861	3.579
20	1.325	1.725	2.086	2.528	2.845	3.552
21	1.323	1.721	2.080	2.518	2.831	3.527
22	1.321	1.717	2.074	2.508	2.819	3.505
23	1.319	1.714	2.069	2.500	2.807	3.485
24	1.318	1.711	2.064	2.492	2.797	3.467
25	1.316	1.708	2.060	2.485	2.787	3.450
26	1.315	1.706	2.056	2.479	2.779	3.435
27	1.314	1.703	2.052	2.473	2.771	3.421
28	1.313	1.701	2.048	2.467	2.763	3.408
29	1.311	1.699	2.045	2.462	2.756	3.396
∞	1.282	1.645	1.960	2.326	2.576	3.091

3. t분포표(양측검증)

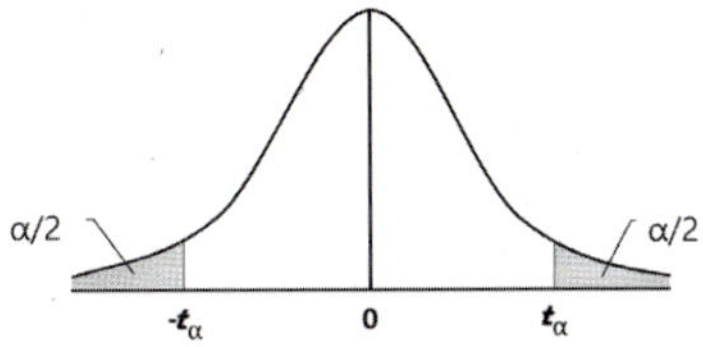

df	$t_{.20}$	$t_{.10}$	$t_{.05}$	$t_{.02}$	$t_{.01}$	$t_{.002}$
1	3.078	6.314	12.706	31.821	63.656	318.289
2	1.886	2.920	4.303	6.965	9.925	22.328
3	1.638	2.353	3.182	4.541	5.841	10.214
4	1.533	2.132	2.776	3.747	4.604	7.173
5	1.476	2.015	2.571	3.365	4.032	5.894
6	1.440	1.943	2.447	3.143	3.707	5.208
7	1.415	1.895	2.365	2.998	3.499	4.785
8	1.397	1.860	2.306	2.896	3.355	4.501
9	1.383	1.833	2.262	2.821	3.250	4.297
10	1.372	1.812	2.228	2.764	3.169	4.144
11	1.363	1.796	2.201	2.718	3.106	4.025
12	1.356	1.782	2.179	2.681	3.055	3.930
13	1.350	1.771	2.160	2.650	3.012	3.852
14	1.345	1.761	2.145	2.624	2.977	3.787
15	1.341	1.753	2.131	2.602	2.947	3.733
16	1.337	1.746	2.120	2.583	2.921	3.686
17	1.333	1.740	2.110	2.567	2.898	3.646
18	1.330	1.734	2.101	2.552	2.878	3.610
19	1.328	1.729	2.093	2.539	2.861	3.579
20	1.325	1.725	2.086	2.528	2.845	3.552
21	1.323	1.721	2.080	2.518	2.831	3.527
22	1.321	1.717	2.074	2.508	2.819	3.505
23	1.319	1.714	2.069	2.500	2.807	3.485
24	1.318	1.711	2.064	2.492	2.797	3.467
25	1.316	1.708	2.060	2.485	2.787	3.450
26	1.315	1.706	2.056	2.479	2.779	3.435
27	1.314	1.703	2.052	2.473	2.771	3.421
28	1.313	1.701	2.048	2.467	2.763	3.408
29	1.311	1.699	2.045	2.462	2.756	3.396
∞	1.282	1.645	1.960	2.326	2.576	3.091

4. x^2(chi-square)분포표

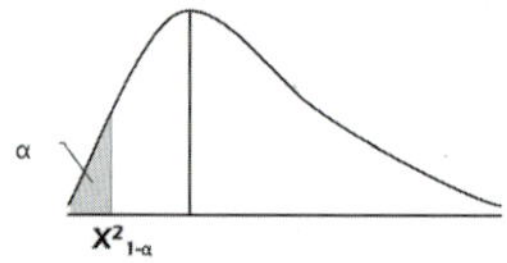

df	왼쪽 임계값				
	$x^2_{.995}$	$x^2_{.990}$	$x^2_{.975}$	$x^2_{.950}$	$x^2_{.900}$
1	0.0000393	0.0001571	0.0009821	0.0039321	0.0157908
2	0.0100251	0.0201007	0.0506356	0.102587	0.210721
3	0.0717218	0.114832	0.215795	0.351846	0.584374
4	0.206989	0.297109	0.484419	0.710723	1.063623
5	0.411742	0.554298	0.831212	1.145476	1.61031
6	0.675727	0.872090	1.237344	1.63538	2.20413
7	0.989256	1.239042	1.68987	2.16735	2.83311
8	1.344413	1.646497	2.17973	2.73264	3.48954
9	1.734933	2.087901	2.70039	3.32511	4.16816
10	2.15586	2.55821	3.24697	3.94030	4.86518
11	2.60322	3.05348	3.81575	4.57481	5.57778
12	3.07382	3.57057	4.40379	5.22603	6.30380
13	3.56503	4.10692	5.00875	5.89186	7.04150
14	4.07467	4.66043	5.6287	6.57063	7.78953
15	4.60092	5.22935	6.2621	7.26094	8.54676
16	5.14221	5.81221	6.9077	7.96165	9.31224
17	5.69722	6.40776	7.5642	8.67176	10.0852
18	6.26480	7.01491	8.2307	9.39046	10.8649
19	6.84397	7.63273	8.9065	10.1170	11.6509
20	7.43384	8.26040	9.5908	10.8508	12.4426
21	8.03365	8.89720	10.2829	11.5913	13.2396
22	8.64272	9.54249	10.9823	12.3380	14.0415
23	9.26042	10.19572	11.6886	13.0905	14.8480
24	9.88623	10.8564	12.4012	13.8484	15.6587
25	10.5197	11.5240	13.1197	14.6114	16.4734
26	11.1602	12.1981	13.8439	15.3792	17.2919
27	11.8076	12.8785	14.5734	16.1514	18.1139
28	12.4613	13.5647	15.3079	16.9279	18.9392
29	13.1211	14.2565	16.0471	17.7084	19.7677
30	13.7867	14.9535	16.7908	18.4927	20.5992
40	20.7065	22.1643	24.4330	26.5093	29.0505
50	27.9907	29.7067	32.3574	34.7643	37.6886
60	35.5345	37.4849	40.4817	43.1880	46.4589
70	43.2752	45.4417	48.7576	51.7393	55.3289
80	51.1719	53.5401	57.1532	60.3915	64.2778
90	59.1963	61.7541	65.6466	69.1260	73.2911
100	67.3276	70.0649	74.2219	77.9295	82.3581

4. x^2(chi-square)분포표(계속)

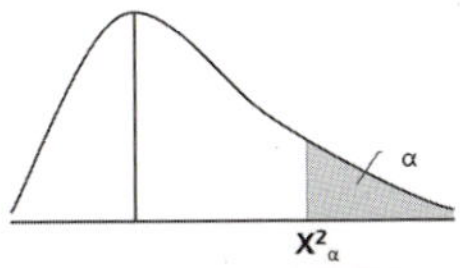

df	왼쪽 임계값				
	$x^2_{.995}$	$x^2_{.990}$	$x^2_{.975}$	$x^2_{.950}$	$x^2_{.900}$
1	2.70554	3.84146	5.02389	6.63490	7.87944
2	4.60517	5.99146	7.37776	9.21034	10.5966
3	6.25139	7.81473	9.34840	11.3449	12.8382
4	7.77944	9.48773	11.1433	13.2767	14.8603
5	9.23636	11.07050	12.8325	15.0863	16.7496
6	10.6446	12.5916	14.4494	16.8119	18.5476
7	12.0170	14.0671	16.0128	18.4753	20.2777
8	13.3616	15.5073	17.5345	20.0902	21.9550
9	14.6837	16.9190	19.0228	21.6660	23.5894
10	15.9872	18.3070	20.4832	23.2093	25.1882
11	17.2750	19.6751	21.9200	24.7250	26.7568
12	18.5493	21.0261	23.3367	26.2170	28.2995
13	19.8119	22.3620	24.7356	27.6882	29.8195
14	21.0641	23.6848	26.1189	29.1412	31.3193
15	22.3071	24.9958	27.4884	30.5779	32.8013
16	23.5418	26.2962	28.8454	31.9999	34.2672
17	24.7690	27.5871	30.1910	33.4087	35.7185
18	25.9894	28.8693	31.5264	34.8053	37.1565
19	27.2036	30.1435	32.8523	36.1909	38.5823
20	28.4120	31.4104	34.1696	37.5662	39.9968
21	29.6151	32.6706	35.4789	38.9322	41.4011
22	30.8133	33.9244	36.7807	40.2894	42.7957
23	32.0069	35.1725	38.0756	41.6384	44.1813
24	33.1962	36.4150	39.3641	42.9798	45.5585
25	34.3816	37.6525	40.6465	44.3141	46.9279
26	35.5632	38.8851	41.9232	45.6417	48.2899
27	36.7412	40.1133	43.1945	46.9629	49.6449
28	37.9159	41.3371	44.4608	48.2782	50.9934
29	39.0875	42.5570	45.7223	49.5879	52.3356
30	40.2560	43.7730	46.9792	50.8922	53.6720
40	51.8051	55.7585	59.3417	63.6907	66.7660
50	63.1671	67.5048	71.4202	76.1539	79.4900
60	74.3970	79.0819	83.2977	88.3794	91.9517
70	85.5270	90.5312	95.023	100.425	104.215
80	96.5782	101.879	106.629	112.329	116.321
90	107.565	113.145	118.136	124.116	128.299
100	118.498	124.342	129.561	135.807	140.169

찾아보기

ㄹ

ㅁ

ㅂ

ㅅ

ㅇ

ㅈ

ㅊ

ㅋ

ㅌ

ㅍ

ㅎ

저자 소개

허만세

숭실대학교 대학원 사회복지학과 석사
University of Southern California, School of Social Work 박사
현) 계명대학교 사회복지학과 부교수
maanse@kmu.ac.kr

도문학

계명대학교 대학원 사회복지학과 석사
경북대학교 대학원 사회복지학부 사회복지실천전공 박사수료
현) (주)리서치코리아 선임연구원
literature12@naver.com

사회복지연구를 위한 SPSS 기초통계

1판 1쇄 인쇄 2021년 6월 25일
1판 1쇄 발행 2021년 6월 30일

저　　자 | 허만세 도문학
발 행 인 | 박철용
발 행 처 | 양서원
주　　소 | 경기도 파주시 직지길 522 파주출판도시
전　　화 | 031-955-8000(代)
팩　　스 | 031-955-8005
홈페이지 | www.yswpub.co.kr
이 메 일 | yswgroup@naver.com
출판등록 | 1987년 11월 24일 제 406-2003-037 호

ISBN 978-89-994-1154-0

정가 16,000원